Vorwort

Hallo liebe Schülerin, lieber Schüler,

Vokabeln lernen macht Spaß!

Die *99 Wortschatzübungen* sind genau das Richtige für dich, wenn du mit *Découvertes Série jaune* arbeitest. Sie ermöglichen dir, den Wortschatz deines Schülerbuches in der Reihenfolge der *Unités* systematisch zu wiederholen. Die Vokabeln werden in vielen spielerischen Aufgabenformen geübt (Bilderrätsel, Wortgitter, Zuordnungsübungen, Multiple-Choice …). Viele nützliche Tipps machen das Üben und Lernen leichter und erfolgreicher und helfen dir selbstständig zu arbeiten. Die Lösungen am Ende des Heftes erlauben außerdem eine zuverlässige Kontrolle deiner Ergebnisse.

Im *Tu te rappelles*-Kästchen kannst du am Anfang jeder *Unité* den Wortschatz der vorigen *Unité* wiederholen. Und am Ende jeder *Unité* kannst du mithilfe einer *Tout compris*-Seite deinen Wortschatz noch einmal kurz testen. Im *Stratégie*-Kästchen findest du außerdem weitere Lerntipps, die dich bei der Vokabelarbeit unterstützen.

Viel Spaß dabei!

Die Autoren

Inhalt

Découvertes Band 3

Unité 1	**3**
Tout compris?	5
Unité 2	**6**
Tout compris?	11
Unité 3	**12**
Tout compris?	16
Unité 4	**17**
Tout compris?	21
Unité 5	**22**
Tout compris?	27
Module 1	**28**
Tout compris?	31
Module 2	**32**
Tout compris?	34

Découvertes Band 4

Unité 1	**35**
Tout compris?	37
Unité 2	**38**
Tout compris?	42
Unité 3	**43**
Tout compris?	47
Module 1	**48**
Tout compris?	53
Module 2	**54**
Tout compris?	58
Module 3	**59**
Tout compris?	64
Lösungen zu Découvertes Band 3 und Band 4	**65**

Découvertes 3

1 Est-ce que ça va mieux?

Regarde les dessins et complète les textes avec les expressions suivantes en français.

Luft schnappen   warten, bis es vorbei geht   Quatsch
jemanden wieder aufmuntern   Gefahr laufen, etwas zu tun   die Hölle

1. Ne fais pas _____ _____ . Tu _____ tomber!

2. Ici, c'est _____ ! Je vais _____ ! Il fait trop chaud ici!

3. Qu'est-ce qu'on fait? On _____ ? – Non, on lui _____ tout de suite!

2 Chagrin d'amour

Dans chaque ligne, il y a un mot en trop. Retrouve-le et écris-le dans la colonne à droite.

Bonjour Roméo,

Je dois te dire la vérité.

1. Je vais pêche mieux depuis que tu es parti.
2. D'abord, ensuite j'ai fait beaucoup de
3. sortes choses pour retrouver la pêche après ton départ.
4. J'ai acheté des kilos de fringues mais ça n'a servi à rien tout.
5. Puis, j'ai fait certain un stage de karaté mais ça ne m'a
6. pas encore beaucoup aidée non plus. Mais un jour,
7. le stage prof de karaté m'a invitée. Il s'appelle Pierre, il est nouveau
8. à Paris. Il est toujours de bonne humeur originale. Et maintenant, tu
9. sais, j'ai retrouvé entre l'amour. Alors, je ne
10. vais plus mal juste!

Bisou, Julia

3 Les jolies colonies de vacances!

Qu'est-ce que dit l'animateur dans les situations suivantes? Coche.

1. Avant le départ, tous les enfants sont arrivés. L'animateur demande:
   - [ ] Ça y est!
   - [ ] On attend que ça passe?
   - [ ] Vous êtes motivés?

2. Le car part. Tout le monde dit:
   - [ ] Ça ne sert à rien.
   - [ ] C'est parti!
   - [ ] C'est l'enfer!

3. Les enfants chantent et rechantent la même chanson. L'animateur pense:
   - [ ] Ils sont de bonne humeur!
   - [ ] On prend l'air?
   - [ ] C'est pour rire?

4. La colonie est finie, c'est bientôt la rentrée. Les animateurs pensent:
   - [ ] N'importe quoi!
   - [ ] Ça redonne la pêche!
   - [ ] La vie peut reprendre!

4 Aujourd'hui comme hier

*Complète le texte avec les verbes suivants et ajoute le préfixe **re-** ou **ré-**.*

lu   trouvé   mis   donné   venu   vu   écouté   faire   commencer

1. Aujourd'hui, Mamie a _____ des vieilles photos. 2. Elle a _____ grand-père, jeune, et ça lui a _____ la pêche. 3. Elle a _____ avec moi leurs chansons préférées. 4. Elle a ressorti de son bureau ses lettres d'amour dont Papi était l'auteur et elle en a _____ certaines. 5. Elle a même _____ la robe que Papi lui a offerte. 6. Elle a dit qu'elle ne va pas _____ à penser au passé. 7. Elle a choisi de _____ leur voyage en Italie. 8. Elle a dit que Papi est parti mais qu'il est _____ pour toujours dans ses souvenirs.

5 Chanson d'amour

Complète la chanson avec les mots donnés. Attention, les phrases riment deux par deux!

amour   concours   original   l'air   chagrin   stress   mal   enfer   refrain   adresse

1. Tu pleures tout le temps et tu vas _____.
2. Vraiment, ce n'est pas très _____ !
3. Ouvre ta porte et va prendre _____ !
4. La vie sans elle n'est pas un _____.
5. Arrête de parler d'elle et de ton _____.
6. Tes copains en ont marre de ce _____.
7. On ne gagne pas toujours en _____.
8. Parfois on perd aussi comme dans les _____.
9. Allez, vas-y, oublie son _____.
10. Son nom, et dis au revoir au _____ !

Découvertes 3 — Tout compris? 1

Tout compris?

A *Trouve les contraires.*

1. le paradis¹ ≠ l'☐☐☐☐☐
2. la bonne h☐☐☐☐ ≠ le ☐☐☐☐in
3. bien ≠ ☐☐☐
4. banal ≠ o☐☐☐☐☐☐l
5. ne pas être en ☐☐☐☐☐ ≠ avoir la p☐☐☐☐

B *Traduis les phrases suivantes.*

1. Mach keinen Quatsch! _____!
2. Man wartet, dass es vorbeigeht. _____.
3. Das ist überhaupt nicht schwer. _____.
4. Das ist nur Spaß. _____.

C *Relie les mots qui vont ensemble.*

1. un fruit   a. des fringues
2. une chanson   b. une adresse
3. une lettre   c. une pêche
4. un auteur   d. un refrain
5. un pantalon et un t-shirt   e. un roman

STRATEGIE

Travailler avec les expressions imagées
Es lohnt sich, in euren Texten Wendungen und Ausdrücke immer wieder zu verwenden. Dafür müsst ihr diese aber erst einmal lernen. Aber wie? Hier ein paar Tipps:
1) Einige Wendungen kann man einfach in Bildern ausdrücken. Ihr könnt euch eine einfache Skizze in euren Heften dazu machen.
2) Wortschatz lernt man immer am besten im Kontext. Stellt euch eine kleine Situation vor, um den Ausdruck zu integrieren.
Il n'y a plus de train pour Paris aujourd'hui.
Ça ne sert à rien d'attendre!
3) Lernen mit Reimen ist leichter! Schreibt Mini-Gedichte mit Hilfe der Vokabelliste:
*Ici, c'est l'**enfer**! Je vais prendre l'**air**.*

J'ai la pêche!

---
1 le paradis das Paradies

cinq 5

2 — Découvertes 3

TU TE RAPPELLES ? → Unité 1

1. Der Lehrer hat <u>gute Laune</u>.
   Le professeur est _____.

2. <u>Seit</u> er zurück ist, ist Léo traurig.
   _____ il est rentré, Léo est triste.

3. Léo <u>kann überhaupt nicht</u> singen.
   Léo _____ chanter.

4. Aber das <u>macht überhaupt nichts</u>.
   Mais ça _____.

5. Ich will <u>niemanden</u> sehen.
   Je _____ veux voir _____.

6. Man wartet, <u>bis es vorbei geht</u>.
   On attend que _____.

7. <u>Los geht's!</u>
   C'_____ !

8. Man spricht und danach <u>geht es besser</u>.
   On parle et ensuite _____.

9. Ich will <u>nur</u> frische Luft schnappen.
   Je veux _____ prendre l'air !

10. Es <u>nützt nichts, zu</u> schreien.
    Ça _____ crier.

11. Ich will <u>auch nicht</u> reden.
    Je _____ veux _____ parler _____.

6 Mots fléchés

Complète la grille avec les mots suivants en français. Trouve le mot mystère.

schneiden · eine Decke · hell · Afrika · behalten · der Unterschied · umziehen · blass · rennen · eine Tatsache

```
            1.     m       g
 2. la    f  f
            3.     i  r
            4.     u  p
         5.     u
 6. une        e  r  t
 7. g
       8. l'    f
         9. un     t
           10.  â
```

Le mot mystère : une ▢▢▢▢ u ▢▢▢ t ▢

Découvertes 3

7 On raconte tout!

Complète l'histoire de Mme Robert de façon logique avec les mots donnés.

| à moitié | au fond (de) | de près | vers | d'habitude | parmi | sinon | chaque fois |
| à cause (de) | autour de | lorsque | dehors | partout | pendant que |

1. Vous savez, je sors tous les soirs à 20 heures avec Nestor. Nestor, c'est mon chien. _____ , je reste vingt minutes _____ mais hier c'était très bizarre. 2. Il y avait des chats _____ dans la rue: sous les voitures, devant les portes, _____ cours. 3. _____ Nestor a vu ça, il a commencé à courir. 4. Il voulait voir ces chats _____ . 5. _____ j'essayais de le rappeler, quelqu'un est venu _____ moi. 6. Je n'ai rien entendu _____ du bruit que faisaient Nestor et les chats. 7. L'homme a pris mon sac que j'avais mis _____ mon cou[1]. 8. Il a dit: «Pas de bruit _____ je vais être de mauvaise humeur!» 9. J'étais _____ morte de peur! 10. _____ que je ferme les yeux, je le revois _____ les chats dans la rue …

8 Ils sont comment aujourd'hui?

A *Regarde les images et complète les phrases avec les bons mots.*

1. Tu es _____ ?
– Non, mais j'ai très mal à l' _____ depuis hier!

2. Elle est très _____ . Il ne peut plus faire un _____ sans elle.

3. Tu es chaud et tu es très _____ ! Tu te _____ mal?

B *Donne un conseil à chacune des trois personnes.*

1. Il ne _____ jouer au tennis aujourd'hui!

2. Avec le temps, ça va s' _____ !

3. Il faut prendre _____ !

---
1 le cou der Hals

9 Les définitions

Lis les définitions et trouve les mots. Trouve ensuite le mot mystère avec les premières lettres.

TIPP
Eine Hilfe für das *mot mystère*: Es gibt davon 101 in Frankreich.

1. Tout à coup, ne plus être là.
2. Un autre mot pour «bizarre».
3. Excuser qn
4. Son verbe, c'est «autoriser».
5. Un chemin qu'on prend en voiture.
6. Mettre sa main sur qc ou qn
7. Donner du courage à qn
8. Quand on en a une, on est malade.
9. L'inverse de la mort.
10. Un autre verbe pour «finir».
11. Il y en a 60 dans une minute.

Mot mystère: __ __ __ __ __ __ __ __ e __ __ __
           1 2 3 4 5 6 7 8   9 10 11

10 Ça s'est passé près de chez vous!

Complète avec les verbes suivants au passé composé:

annehmen   verstecken   spüren / riecher   zurückgeben   zeichnen   werden

1. Ces voleurs _____ très connus parce qu'ils _____ un grand smiley après leur vol.

2. Ils _____ la statuette dans un parc, mais un chien _____ quelque chose.

3. Le propriétaire du chien _____ la statuette au musée et il _____ le cadeau du directeur.

Découvertes 3 — 2

11 Les mots qu'on connaît …

Tu connais tous les mots dans la colonne de gauche. Complète le tableau avec des mots de la même famille. Dans la colonne de droite, il y a des mots que tu ne connais peut-être pas. Essaie d'en deviner le sens.

	Verbes	Adjectifs	Français	Allemand
le courage	e_____	c_____	décourager	_____
une découverte	d_____	c_____	couvrir	_____
une habitude	s'_____		s'habituer à qc	_____
une différence		d_____	différencier	_____
un médicament			la médecine	_____
			un médecin	_____
	mentir		un mensonge	_____
			un(e) menteur(se)	_____

12 … Et les phrases qu'on connaît.

A *Retrouve le sens des expressions.*

1. il n'y a pas une <u>mouche</u> qui vole
2. <u>couper</u> les <u>cheveux</u> en quatre
3. <u>couper</u> la parole
4. faire un faux <u>pas</u>
5. prendre sur le <u>fait</u>
6. <u>couper</u> la poire en deux
7. <u>cacher</u> son jeu
8. <u>couper</u> les ponts
9. Quelle <u>mouche</u> t'a piqué?

a) sich auf halbem Weg entgegenkommen
b) alle Brücken hinter sich abreißen
c) jdn auf frischer Tat ertappen
d) jdm ins Wort fallen
e) Was ist mit dir los?
f) es ist mucksmäuschenstill
g) Haarspalterei treiben
h) einen Fehltritt machen
i) sich nicht in die Karten sehen lassen

1.	2.	3.	4.	5.	6.	7.	8.	9.

B *Est-ce que tu peux trouver l'équivalent en allemand de ces expressions?*

1. tous les <u>chemins</u> vont à Rome → _____
2. verser des <u>larmes</u> de crocodile → _____
3. le diable se <u>cache</u> dans les détails → _____

13 Une vie de voleur

Dans le texte, il y a des mots qui manquent. Choisis la réponse correcte (A, B, C ou D) pour chaque blanc.

Maintenant, j'ai du temps pour raconter mon histoire. Quand j'étais jeune, je «travaillais» dans la (0) _____, près de la tour Eiffel ou dans le métro. Pour un (Q1) _____, les endroits à touristes sont les (Q2) _____ adresses. Tout était facile, la vie de (Q3) _____ était belle. Mais avec le temps, la police[1] a commencé à me (Q4) _____ parce que j'avais toujours les mêmes (Q5) _____. Alors, j'ai décidé de (Q6) _____ de Paris pour un moment. Je suis parti en province, dans un beau (Q7) _____ où il fait toujours beau: la Drôme! Dans le (Q8) _____, il y a beaucoup de maisons de vacances. Leurs (Q9) _____ ne sont pas là pendant l'hiver. Dans les (Q10) _____, je trouvais des beaux objets! Un jour, j'ai rencontré une fille super. J'avais (Q11) _____ qu'elle me comprenait, alors j'ai raconté la (Q12) _____. Le lendemain, la police est venue me chercher. La fille aussi était là. J'ai demandé: «Pourquoi est-ce que tu m'as (Q13) _____?» Elle a dit: «Il faut me (Q14) _____ mais c'est mon métier!» J'avais eu le coup de foudre pour un policier[2]! C'est étrange mais j'ai (Q15) _____ de rire.

0	A	province	B	capitale	C	nature	D	Drôme
Q1	A	évènement	B	propriétaire	C	pickpocket	D	principal
Q2	A	pâles	B	meilleures	C	jalouses	D	étranges
Q3	A	voleur	B	touriste	C	dessinateur	D	guide
Q4	A	dénoncer	B	frapper	C	soupçonner	D	manquer
Q5	A	impressions	B	sourires	C	regards	D	habitudes
Q6	A	disparaître	B	toucher	C	caresser	D	dessiner
Q7	A	pays	B	département	C	village	D	endroit
Q8	A	chemin	B	quartier	C	Midi	D	parc
Q9	A	voleurs	B	pickpockets	C	principaux	D	propriétaires
Q10	A	ouvertures	B	armoires	C	différences	D	découvertes
Q11	A	l'impression	B	l'autorisation	C	l'habitude	D	l'inverse
Q12	A	différence	B	blague	C	vérité	D	maladie
Q13	A	soupçonné	B	dénoncé	C	menti	D	accusé
Q14	A	caresser	B	cacher	C	pardonner	D	toucher
Q15	A	éclaté	B	manqué	C	hésité	D	frappé

0	Q1	Q2	Q3	Q4	Q5	Q6	Q7	Q8	Q9	Q10	Q11	Q12	Q13	Q14	Q15
B															

---

[1] **la police** die Polizei – [2] **un policier** ein Polizist / eine Polizistin

Tout compris?

A *Relie les synonymes.*

1. un voleur
2. une route
3. avoir l'impression
4. finir
5. un regard

a) un chemin
b) terminer
c) un pickpocket
d) les yeux
e) sentir

1.	2.	3.	4.	5.

B *Coche la ou les bonne(s) réponse(s).*

1. Quand on est malade ? ,
   - ☐ on prend des médicaments.
   - ☐ on est jaloux.
   - ☐ on est pâle.

2. Quand on est triste, on a ? dans les yeux.
   - ☐ des sourires.
   - ☐ des mouches.
   - ☐ des larmes.

3. Dire que quelqu'un a volé quelque chose, c'est ?
   - ☐ pardonner quelqu'un.
   - ☐ dénoncer quelqu'un.
   - ☐ soupçonner quelqu'un.

4. Ne pas dire la vérité, c'est ?
   - ☐ sourire.
   - ☐ courir.
   - ☐ mentir.

C *Traduis.*

1. Er liest, <u>während</u> ich schlafe. _____

2. <u>Jedes Mal, wenn</u> er klaut, hat er Glück. _____

3. <u>Draußen</u> gibt es <u>überall</u> Hunde. _____

4. Bleib hier, <u>sonst</u> gehe ich. _____

STRATÉGIE

Apprendre des familles de mots

Ihr habt mittlerweile einen ziemlich großen Wortschatz, sodass ihr Wörterfamilien bilden und gegebenenfalls erweitern könnt.

1) Versucht einmal, zu jedem gelernten Substantiv in eurer Wortliste, ein Verb oder ein Adjektiv zu finden.
Beispiele: *la maladie* → *malade*; *un vol* → *voler*. Selbstverständlich sollten eure Ergebnisse dann überprüft werden.

2) Ihr könnt auch versuchen, anhand eines Lexikons neue Wörter zu entdecken, die sich an die Wörter anlehnen, die ihr bereits kennt.
Beispiel: *jaloux / se* → *la jalousie* oder *pâle* → *pâlir, la pâleur*

3) Wenn ihr die Wortfamilien miteinander vergleicht, werdet ihr Regelmäßigkeiten in der Wortbildung erkennen und mit der Zeit ein Gespür für die Konstruktion neuer Wörter erwerben.
Beispiel: *un vol* → *un voleur*; *mentir* → *un menteur*; *déménager* → *un déménageur*

3 Découvertes 3

TU TE RAPPELLES ? → Unité 2

1. Sie <u>sind</u> von Paris nach Valence <u>umgezogen</u>.
   Ils _____ de Paris à Valence.

2. Er hat eine gute Note, <u>wie gewöhnlich</u>.
   Il a une bonne note _____.

3. Er ist <u>eifersüchtig</u> auf James.
   Il est _____ de James.

4. Der Lehrer <u>ermutigte</u> alle seine Schüler.
   Le professeur _____ tous ses élèves.

5. Er hatte <u>Tränen</u> in den Augen.
   Il avait les _____ aux yeux.

6. Alles <u>wurde</u> kompliziert.
   Tout _____ compliqué.

7. Ich <u>stand kurz vor</u> der Katastrophe.
   Je _____ à la catastrophe.

8. <u>Vor</u> drei Tagen habe ich Lucie getroffen.
   _____, j'ai rencontré Lucie.

9. Er war <u>umringt von</u> Leuten.
   Il y avait du monde _____ lui.

10. Ich habe ihm <u>verziehen</u>.
    Je lui _____.

14 Les pros¹ qu'il leur faut !

Regarde les dessins et trouve de qui les personnes ont besoin.
(Schau dir die Bilder an und finde heraus, wen die abgebildeten Personen brauchen.)

1. une _____   2. un _____   3. un _____   4. une _____

5. un _____   6. une _____   7. des _____   8. une _____

---

1 un pro ein Profi

15 Un rap pour la journée d'orientation

Complète la chanson avec les mots suivants en français. Les strophes sont en rimes suivies aabb.
(Die Strophen bestehen aus Paarreimen aabb.)

1. Si tu aimes l'ambiance à l'_____,

   Choisis un métier médical!

   Tu peux aussi travailler dans l'industrie,

   Et faire des médicaments pour les _____.

2. Si tu t'intéresses à la nature,

   Alors choisis l'_____!

   Mais il faut se lever tôt,

   Quand on fait ce dur _____!

3. Si tu bricoles[1] pendant des heures,

   Alors pourquoi pas _____?

   Tu aimes les maths et la technique,

   Super, il faut des _____!

4. Mais si tu préfères les voyages!

   Les langues et les beaux _____,

   Il faut prendre une bonne décision,

   Quand tu vas choisir ta _____!

Wissenschaftler
Job
Apotheke
Ausbildung
Krankenhaus
Ingenieur
Landschaft
Landwirtschaft

16 Ce qu'il lui faut!

Colette a besoin de certaines choses. Mais de quoi? Relie les objets / personnes aux phrases de Colette.

1. Je dois me lever tôt.
2. Je n'ai plus de travail.
3. Je me sens malade.
4. J'ai invité 20 personnes à manger.
5. Je voyage beaucoup dans des pays tropicaux[2].
6. Je veux m'informer et faire des recherches.

Il me faut …

a) un ordinateur
b) un lave-vaisselle
c) des vaccins
d) un réveil
e) un médicament
f) un nouveau boulot

1 bricoler basteln – **2 tropical/aux** tropisch

3 — Découvertes 3

17 Mots croisés

Lis les définitions et trouve les mots. Quel est le mot mystère?

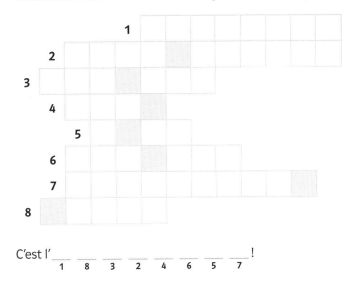

C'est l' _ _ _ _ _ _ _ _ !
        1   8   3   2   4   6   5   7

1. Un autre mot pour «très intéressant».
2. Travailler par exemple pour Médecins du monde, c'est un travail ? .
3. On l'est souvent quand on a des problèmes et qu'on travaille trop.
4. Il est très ? en maths, il a toujours des bonnes notes!
5. «J'ai préparé toutes mes affaires, je suis ? pour le voyage!»
6. Quand on a un peu peur de ce qui va se passer, on l'est.
7. Quelque chose qu'on ne peut pas croire est ? .
8. En allemand, c'est «leeren».

18 Contraire ou synonyme?

Est-ce que ce sont des contraires (≠) ou des synonymes (=)?
Mets les symboles ≠ ou = dans les cases.

1. un boulot ☐ un travail
2. dur ☐ difficile
3. se lever ☐ se reposer
4. se fermer ☐ s'ouvrir
5. le week-end ☐ la semaine
6. passionnant ☐ intéressant

19 Oui, chef!

Retrouve les noms que remplacent les pronoms. (Finde die Nomen, die die Pronomen ersetzen). Ecris la lettre correspondante derrière les pronoms.

Elles (___) montrent que les ventes¹ sont en train de perdre **un** (___) chaque mois depuis un an.

Ils (___) ne sont pas contents de nos produits² et certains **en** (___) demandent parfois! C'est sûr, **ils** (___) doivent fabriquer des meilleurs produits.

Et nous, nous devons communiquer! Quand on **en** (___) fait, il faut tous les jours des nouvelles idées. Allons, on **y** (___) retourne! Bon courage!

Je sais qu'avec vous, **elle** (___) va retrouver le succès!

A du commerce
B des remboursements
C les clients
D un pour cent
E les ingénieurs
F les analyses
G l'entreprise
H au boulot

---
1 une vente ein Verkauf – **2 un produit** ein Produkt

20 Un matin comme les autres

Complète le texte avec les bons verbes pronominaux.

| se disputer | se concentrer | se dépêcher | se laver | se réveiller |
| se lever | se fermer | se sentir | se reposer | s'occuper | s'habiller |

1. Le matin, je _____ à 6 heures 30!

2. Un quart d'heure plus tard, je _____ et je _____.

3. Ma mère et moi, nous _____ tous les matins quand je _____ dans la salle de bains.

4. Je _____ de mon frère. Mes parents ne veulent pas rater le bus alors ils _____.

5. Normalement à 7h30, la porte de l'appartement _____! Ouf, on _____ mieux!

6. Finalement à 8 heures, je suis au lycée et je _____ pendant que les autres _____.

21 C'est galère avec ma mère!

Mme Boulet n'est pas contente avec son travail. Donne-lui les bons conseils. Relie.

1. Ma copine parle arabe, ça me fascine!
2. Les soirées devant la télé, j'en ai marre!
3. Mon mari me trouve fatiguée!
4. Les vacances au camping, je ne peux plus!
5. Les enfants boudent déjà le vendredi soir!
6. J'aime mon travail mais mon chef est nul!

a) Va voir un spectacle!
b) Fonde ton entreprise!
c) Pars à l'aventure!
d) Partez en famille pour le week-end!
e) Apprends une langue aussi!
f) Arrête de soupirer!

3 Tout compris? — Découvertes 3

Tout compris?

A *Coche la ou les bonne(s) réponse(s).*

1. Avoir peur de tout, c'est être ?
   - [ ] inquiet.
   - [ ] stressé.
   - [ ] prêt.

2. Quand tu entends le réveil, tu dois ?
   - [ ] te laver.
   - [ ] dormir.
   - [ ] te lever.

3. On achète des médicaments dans ?
   - [ ] un hôpital.
   - [ ] une pharmacie.
   - [ ] chez un médecin.

4. Pour fabriquer un vaccin, il faut faire ?
   - [ ] des analyses.
   - [ ] des recherches.
   - [ ] des courses.

5. On peut être ingénieur et travailler pour ?
   - [ ] l'industrie.
   - [ ] une entreprise.
   - [ ] le collège.

6. Quelque chose qui est très intéressant ?
   - [ ] est passionnant.
   - [ ] fascine les gens.
   - [ ] est dur.

B *Relie les mots qui vont ensemble.*

1. se sentir
2. fonder
3. s'intéresser à
4. fabriquer
5. rater
6. s'occuper de

a) des lave-vaisselles
b) une entreprise
c) en forme
d) le bus
e) son frère
f) un travail

STRATEGIE

Construire des champs lexicaux
Es ist sehr sinnvoll, seine Vokabeln innerhalb von sogenannten Themenfeldern zu organisieren. Dadurch wirst du dir die Vokabeln besser merken können. Die Themenfelder sollten möglichst im Laufe der Zeit ergänzt werden.

1) Jede/r hat seine eigene Technik, um Themenfelder zu definieren. Du kannst beispielsweise ein Themenfeld „Orte in der Stadt" erstellen, in dem das Wort „hôpital" untergebracht wird, oder/und ein Themenfeld „Gesundheit", in dem das Wort auch eingetragen wird. Es ist nicht schlimm, wenn Themenfelder sich überschneiden, allerdings sollten sie sich auch nicht zu ähnlich sein.

2) Es kann auch interessant sein, mit Bildern zu arbeiten und eine Art Bildwörterbuch zu gestalten. Vielleicht gehörst du zu den Menschen, die viel besser mit visuellen Impulsen lernen.

3) Möglich ist auch, die Wörter eines Themenfeldes in eine Mini-Story zu integrieren, um sie dann besser zusammen zu lernen.

Découvertes 3 — 4

TU TE RAPPELLES? → Unité 3

1. Mehdis große Schwester geht ins <u>Lycée</u>. — La grande sœur de Mehdi va au _____.
2. Sana <u>wacht</u> um 5 Uhr <u>auf</u>. — Sana _____ à 5 heures.
3. <u>Der Wecker</u> klingelt. — _____ sonne.
4. Sana <u>steht</u> morgens sehr früh <u>auf</u>. — Sana _____ très tôt le matin.
5. Schnell! <u>Beeil dich</u>! — Vite! _____!
6. Wer <u>kümmert sich</u> um das Essen? — Qui _____ du repas?
7. <u>Streitet</u> euch nicht. — Ne vous _____ pas!
8. Karima <u>macht gerade</u> ihre Hausaufgaben. — Karima _____ ses devoirs.
9. Sana ist <u>beunruhigt</u>. — Sana est _____.
10. Ich habe <u>eine Entscheidung getroffen</u>. — J'ai _____.
11. Ich gehe <u>zum Friseur</u>. — Je vais _____.
12. In der <u>Apotheke</u> kauft man Medikamente. — A la _____, on achète des médicaments.
13. Karima <u>ist gut in</u> Sprachen. — Karima _____ langues.
14. Mein Beruf <u>ermöglicht mir das zu tun</u>. — Mon métier _____ cela.

22 Et le niveau…?

Regarde les phrases suivantes. Elles sont écrites en français familier – la langue des jeunes – et en français standard. Trouve les expressions correspondantes (entsprechende Ausdrücke).

1. Papa, tu me rends _____ ! → Tu me rends <u>fou</u>.
2. C'est <u>trop la honte</u>! → C'est vraiment _____.
3. Il <u>kiffe</u> cette <u>nana</u>. → Il _____ cette _____.
4. J'ai _____. → J'ai <u>faim</u>.
5. Tu <u>captes</u> rien! → Tu ne _____ rien!
6. C'est une question _____ ! → C'est une question <u>bête</u>.
7. J'en ai <u>marre</u>! → J'en ai _____ !

4 — Découvertes 3

23 Le soleil, l'amour et la faim

Regarde les dessins et complète les phrases avec les expressions données en français.

- Liebe auf den ersten Blick
- Das ist echt peinlich!
- Sonnenbrand haben
- Schlange stehen
- jemanden irre machen
- Kohldampf haben

1. Papa, tu me _____ !
2. Tes fringues, c'est vraiment _____ !
3. Pour Julien, c'était _____ !
4. Mais Manon, elle a seulement eu _____ !
5. J'ai vraiment _____ .
6. Zut! Il faut _____ .

24 Mots croisés

Fais les mots croisés et trouve le mot mystère.

1. Les élèves voyagent dans un ?.
2. Ils passent un ? en France chez leur corres.
3. Les élèves font une ? pour découvrir la région.
4. La ? est le plus long fleuve de France.
5. Villandry est un ? célèbre en Touraine.
6. Dans le jardin du château, il y a la ? d'un roi.

Le mot mystère, c'est _____ .

25 La météo

Complète le texte.

1. En région parisienne, il fera environ 18 _____ et le _____ sera couvert et gris. 2. Quelques _____ aussi dans le sud avec des températures qui iront jusqu'à 25 degrés. 3. Ne _____ pas trop vite sur les autoroutes en Bretagne, une forte _____ sera au rendez-vous. 4. Attention dans les Alpes, la _____ va tomber à 2000 mètres. 5. Et enfin, 28 degrés sur la Côte d'Azur avec un _____ qui va briller toute la journée!

Découvertes 3 — 4

26 Un e-mail

Complète l'e-mail avec la forme correcte des mots donnés.

de: n.reynault@internet-club.fr
à: m.schmitt@coldmail.com
objet: Visite à Tours

Monsieur,

Voici un dernier e-mail avec le **(0)** _____ pour votre séjour à Tours.

Votre **(Q1)** _____ arrivera vers 17 heures au lycée où vos élèves rencontreront leurs **(Q2)** _____ pour la première fois. Je pense que tout le monde va **(Q3)** _____ bien **(Q4)** _____.

J'espère que les élèves vont **(Q5)** _____ parler français avec leurs corres et leurs parents. On leur dira d' **(Q6)** _____ l'anglais. Ils apprendront que ce n'est pas grave de faire des **(Q7)** _____ et qu'ils peuvent toujours **(Q8)** _____ : ils peuvent par exemple chercher les mots dans un **(Q9)** _____.

Mardi matin, on fera une **(Q10)** _____ en ville d' **(Q11)** _____ deux heures pour **(Q12)** _____ les monuments les plus **(Q13)** _____, après quoi on va **(Q14)** _____ à travailler. Je suis sûr que ce sera un **(Q15)** _____ intéressant. Voilà pour aujourd'hui.

Très cordialement,

N. Reynault, professeur d'allemand

A échange
B environ
C oser
D célèbres
E car
F promenade
G sûrement
H programme
I découvrir
J s'entendre
K correspondants
L éviter
M fautes
N se mettre
O dictionnaire
P se débrouiller

0	Q1	Q2	Q3	Q4	Q5	Q6	Q7	Q8	Q9	Q10	Q11	Q12	Q13	Q14	Q15

27 Contraire ou synonyme?

Est-ce que ce sont des contraires (≠) ou des synonymes (=)?
Mets les symboles ≠ ou = dans les cases.

1. difficile ☐ facile
2. bon ☐ mauvais
3. délicieux ☐ bon
4. poli ☐ gentil
5. célèbre ☐ connu
6. en retard ☐ à temps
7. long ☐ court
8. nul ☐ débile
9. intéressant ☐ passionnant

4 — Découvertes 3

28 Il était une fois…

Regarde le dessin et trouve les mots corrects.

1. _____   3. _____   5. _____   7. _____

2. _____   4. _____   6. _____   8. _____

29 Petit copain, petite copine

Complète les phrases avec le bon adjectif à la bonne forme.

| débile | gêné | gênant | ennuyeux | célèbre | gros | amoureux | intéressant |

1. Mon petit copain est tellement _____ de moi! Il ne pense qu'à moi toute la journée.

2. Lisa est tombée dans la rue hier. Elle était _____ mais je lui ai dit que ce n'était pas grave…

3. Ces vaches ne sont pas encore assez _____. Il faut leur donner à manger!

4. C'est une question vraiment _____ ! Il n'y a pas de réponse possible!

5. Cette situation est trop _____. J'ai vraiment la honte!

6. Ma tante est _____. Elle est actrice dans une série télévisée.

7. Tous mes profs sont _____. Je dors chaque matin pendant leurs cours.

8. Mes grands-parents sont très _____ ! Ils racontent toujours des histoires passionnantes.

Tout compris?

A *Trouve les mots corrects.*

        1°C

1. _____ 2. _____ 3. _____ 4. _____

B *Traduis les phrases.*

1. Ich habe Kohldampf! → J'ai _____ !
2. Das ist echt peinlich! → C'est _____ !
3. Es ist Liebe auf den ersten Blick. → C'est _____ .
4. Sie hat einen Sonnenbrand. → Elle a _____ .

C *Coche la bonne fin de phrase.*

1. Un roi habite dans   ☐ une église   ☐ un hôtel de ville   ☐ un château.
2. Une statue est   ☐ une promenade   ☐ un monument   ☐ une ombre.
3. Une star du cinéma est une personne ☐ ennuyeuse ☐ amoureuse ☐ célèbre.
4. On utilise un dictionnaire pour ☐ éviter des fautes ☐ oser des découvertes ☐ se faire des amis.

D *Trouve le contraire.*

1. court ≠ _____
2. à temps ≠ _____
3. bon ≠ _____
4. difficile ≠ _____
5. passionnante ≠ _____
6. génial ≠ _____

STRATEGIE

Wörter im Zusammenhang lernen

Wenn du das Vokabular einer neuen *Unité* lernen musst, z. B. für einen Vokabeltest oder eine Klassenarbeit, dann teile dir die Arbeit gut ein. So hast du sicher genügend Zeit, um die Vokabeln der Lektion auswendig zu lernen. Schau dir die Vokabeln zunächst in Ruhe an und versuche dann, sie in sinnvolle Gruppen zu unterteilen. So kannst du sie dir besser merken, als wenn du sie stumpf der Reihe nach lernst.

In dieser *Unité* gibt es einige Wörter, die besonders gut zusammen passen. Diese Wortfelder solltest du auch zusammen lernen, z. B. zum Thema Wetter: *la météo, le ciel, un nuage, la neige, la pluie, couvert, briller* etc. oder zum Thema Essen: *avoir la dalle, un poisson, gros, le ventre*. Orientiere dich auch an den *On dit*-Kästen im Buch, sie bieten dir eine gute Vorauswahl.

Sobald du Wörter, die in einem Sinnzusammenhang stehen, in Gruppen eingeteilt hast, kannst du dich intensiver mit ihnen beschäftigen. Du kennst bereits viele Möglichkeiten, die über das Abschreiben hinausgehen: z. B. Reime bilden, eine kleine Geschichte erfinden oder einfache Zeichnungen anfertigen.
Probiere es einmal mit den Wörtern zu den Themen Wetter und Essen in dieser *Unité* aus! Du kannst auch deine Ergebnisse nach und nach erweitern. Markiere in der Wortliste im Buch alle Wörter, die du bereits auf diese Art verarbeitet hast.

5 — Découvertes 3

TU TE RAPPELLES ? → Unité 4

1. Schönen <u>Aufenthalt</u> in Tours! — Bon _____ à Tours!
2. <u>ein Ausflug</u> mit dem Fahrrad — _____ en vélo
3. Hör auf, <u>das macht mich wahnsinnig</u>! — Arrête, ça me _____ !
4. Heute Abend essen wir <u>Fisch</u>. — Ce soir, on mangera du _____ .
5. Ich finde, <u>du kommst</u> sehr gut <u>zurecht</u>. — Je trouve que tu _____ très bien.
6. Der Tag wird <u>sicher</u> interessant. — La journée sera _____ intéressante.
7. Er findet sie <u>süß</u>. — Il la trouve _____ .
8. Der <u>Himmel</u> ist blau. — Le _____ est bleu.
9. Die Sonne <u>scheint</u>. — Le soleil _____ .
10. Ich habe einen <u>Sonnenbrand</u> bekommen. — J'ai eu _____ .
11. Es ist <u>Liebe auf den ersten Blick</u>. — C'est _____ .
12. Sie sind <u>gemein</u>! — Ils sont _____ !
13. Sie kommen gerade noch <u>rechtzeitig</u>. — Ils arrivent juste _____ .
14. Es ist genau <u>das Gegenteil</u>! — C'est tout _____ !

30 Un petit quizz sur la francophonie → DE

Donne la réponse aux questions suivantes. Attention! Il y a un pays en trop.

Antillen · Frankreich · Algerien · Marokko · Belgien · Schweiz · Canada · Tunesien

1. **En Europe, le français est une des langues officielles dans quels pays?**

   Le français est la langue officielle en _____ , en _____ et en _____ .

2. **Dans quels trois pays d'Afrique est-ce que le français est la deuxième langue officielle après l'arabe?**

   Le français est la langue officielle en _____ , en _____ et au _____ .

3. **La Martinique est un des départements et régions d'outre-mer. Quel est le nom de sa région?**

   La Martinique fait partie des _____ françaises.

Découvertes 3 — 5

31 Les pays, leurs habitants et leurs langues → DE

Complète le tableau avec les noms des pays ou territoires, le nom de leurs habitants et leurs langues.

1. _____	2. _____	3. _____	le nom du territoire
les Français	_____	_____	les habitants
_____	l'anglais	l'anglais, le français	leur(s) langue(s)

4. le Québec	5. _____	6. _____	le nom du territoire
_____	les Marocains	les Antillais	les habitants
_____	_____, le français	le français, _____	leur(s) langue(s)

32 Où suis-je? → St 1

Fais les mots croisés et trouve la solution.

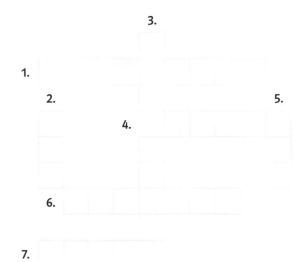

1.

2.

3.

4.

5.

6.

7.

Mot mystère : l' ☐☐☐☐☐☐ .

vingt-trois 23

33 La géographie du Québec → St 1

Dans le texte, il y a des mots qui manquent. Choisis la réponse correcte (A, B, C ou D) pour chaque blanc.

Le Québec est la plus grande **(Q1)** _____ du Canada. Il n'a que 8 millions **(Q2)** _____, pourtant le Québec est deux fois plus grand que la France. **(Q3)** _____ est la langue officielle de la province. Montréal est une grande **(Q4)** _____ dynamique du Québec, pourtant sa **(Q5)** _____ est la ville qui porte le même nom: Québec. Avec le Saint-Laurent, les Grands-Lacs et les **(Q6)** _____, la nature au Québec est très impressionnante. On y trouve plus d'un million de **(Q7)** _____, l'eau est un facteur très important pour **(Q8)** _____ du Québec. En hiver, il fait tellement froid que des villes entières disparaissent sous **(Q9)** _____. Le Québec a aussi une **(Q10)** _____ très riche. En été, tout le monde va voir des **(Q11)** _____ dans les festivals qui se déroulent un peu partout.

Q1	A	colonie	B	métropole	C	province	D	ville
Q2	A	d'habitants	B	de villes	C	d'écoles	D	territoire
Q3	A	Le canadien	B	L'anglais	C	L'arabe	D	Le français
Q4	A	capitale	B	province	C	métropole	D	île
Q5	A	capitale	B	province	C	métropole	D	île
Q6	A	voitures	B	villes	C	forêts	D	colonies
Q7	A	îles	B	lacs	C	forêts	D	métropoles
Q8	A	le climat	B	le créole	C	la langue	D	les habitants
Q9	A	le territoire	B	la neige	C	le continent	D	le siècle
Q10	A	culture	B	concert	C	colonie	D	nature
Q11	A	randonnée	B	tunnels	C	continents	D	concerts

Q1	Q2	Q3	Q4	Q5	Q6	Q7	Q8	Q9	Q10	Q11

34 Arts et métiers → St 1

Relie les phrases qui vont ensemble.

1. Aux festivals de musique, on découvre …
2. La nature au Québec est impressionnante:
3. Pour Cœur de Pirate, le français …
4. Beaucoup de chanteurs rêvent de faire …
5. Au Cirque du Soleil, on ne trouve pas …
6. Montréal est une ville dynamique: …

a) … est la langue la plus romantique.
b) … des tournées et de donner des concerts.
c) … des musiciens inconnus.
d) … d'animaux, mais seulement des artistes.
e) … on y trouve des forêts et des lacs.
f) … il y a un grand nombre de festivals.

35 La bibliothèque de Tamegroute

Lis le monologue et barre les mots qui ne conviennent pas.

Voici une photo que j'ai prise au Maroc. ~~En cours~~ // **Au cours** de mon voyage, je suis allé à Rabat, à Agzd et à Marrakech où j'ai visité la médina. La capitale du Maroc, c'est Rabat, ~~presque~~ // **alors que** la ville la plus dynamique du pays, c'est Casablanca. Regardez. **Au premier plan** // ~~L'arrière-plan~~, on voit un homme devant la très vieille bibliothèque de Tamegroute. **Au Moyen Age** // ~~Dans le Haut-Atlas~~, on ~~en~~ // **y** trouvait des livres arabes sur la médecine, les mathématiques, etc. Les sciences en Europe ont fait des grands progrès ~~merci~~ // **grâce** aux traductions de ces livres.

36 Je raconte ma vie en francophonie.

Complète les textes avec un nom ●, un verbe ■, un adjectif ◆ ou un adverbe ▲.

●	le créole	la francophonie	un siècle
■	gagner	vivre	faire partie
◆	coloré/e	indépendant/e	riche
▲	administrativement	regulièrement	entièrement

1. Bonjour! Moi, c'est Ramin. Je suis du Maroc. Ma famille ■ _____ à Marrakech depuis plus d' ● _____ . Avec sa médina et ses grands marchés ◆ _____ , Marrakech est une ville très dynamique et impressionnante que les touristes visitent ▲ _____ .

2. Salut, je m'appelle Chloé. Je suis née aux Antilles, donc je parle le français et ● _____ . ▲ _____ , les Antilles ■ _____ de la France, mais la culture créole est presque ◆ _____ de la culture française.

3. Moi, c'est Christophe. Je viens du Québec, la province du Canada qui fait partie de ● _____ . J'habite à Montréal où je ■ _____ ma vie comme chanteur. Je ne suis pas ◆ _____ , mais chanter des chansons romantiques me rend ▲ _____ content.

5 — Découvertes 3

37 Les mots pour le dire

→ St 1 + St 2

*Complète les phrases suivantes avec les verbes **vivre**, **mourir**, **compter**, **sortir**, **gagner** ou **rapporter**.*

1. Quand tu iras au Maroc, tu pourras me _____ un petit souvenir, s'il te plaît?

2. Si tu réussis tes études, tu pourras sûrement bien _____ ta vie.

3. Cœur de Pirate va _____ un nouvel album l'année prochaine.

4. Nous imaginons déménager au Québec et _____ à Montréal.

5. Je vais _____ de soif car il fait trop chaud ici!

6. Naïma est une très bonne amie parce qu'on peut toujours _____ sur elle.

38 Le mot mystère

→ St 2

Complète les phrases pour trouver le mot mystère.

1. Quelqu'un qui habite dans un pays est un ?
2. La première langue qu'on parle, c'est la langue ?
3. On y range des livres, c'est une ?
4. Le diplôme qui termine le lycée, c'est le ?
5. Quelqu'un qui est né en Europe, c'est un ?
6. Quelqu'un qui sait tout, c'est un ?
7. Etre là, être sur place, c'est être ?

Le mot mystère, c'est un des plus grands animaux qui existent. C'est une ☐ ☐ ☐ ☐ ☐ ☐ ☐.

39 Les mots pour décrire un pays

Complète les champs lexicaux (Wortfelder) avec les expressions suivantes.

> un producteur   un manque   un continent   le coton
> une montagne   un siècle   la richesse   une île
> une colonie   une rivière   le nord   le progrès

la nature	l'économie	la géographie	l'histoire

Tout compris?

A *Traduis les phrases.*

1. Ich sterbe vor Durst. _____

2. Deutsch ist meine Muttersprache. _____

3. Martinique gehört zu den Antillen. _____

4. Europa ist der reichste Kontinent. _____

B *Coche la ou les bonne(s) réponse(s).*

1. Aux Antilles, on parle ☐ l'allemand ☐ le français ☐ le créole.

2. Aujourd'hui, il n'y a plus ☐ de régions ☐ de colonies ☐ d'îles.

3. La géographie s'occupe ☐ de continents ☐ de pays ☐ de territoires.

4. Au Cirque du Soleil, il y a ☐ des animaux ☐ des baleines ☐ des artistes.

C *Complète avec le bon adjectif.*

1. A Casablanca, ça bouge! C'est une ville très **dy**_____ (lebendig).

2. Les touristes aiment les grands marchés **co**_____ (bunt) de Marrakech.

3. Beaucoup de colonies sont devenues des Etats **in**_____ (unabhängig).

4. Le Québec a une nature très **im**_____ (beeindruckend).

D *Complète avec une minuscule (Kleinbuchstabe) ou une majuscule (Großbuchstabe).*

1. La Martinique fait partie de l'▢tat ▢rançais.

2. Les habitants de la Martinique sont donc des ▢rançais.

3. Les ▢anadiens qui habitent dans la province Québec s'appellent les ▢uébécois.

4. Au Québec, le ▢rançais est une des langues officielles avec l'▢nglais.

STRATEGIE

Vokabeln durch andere Fremdsprachen besser lernen

Du hast sicher schon bemerkt, dass es im Französischen sehr viele Wörter gibt, die du in gleicher oder ähnlicher Form auch in anderen Sprachen findest. Häufig kannst du dir über Wörter, die du im Englischunterricht bereits gelernt hast, eine Eselsbrücke bauen. Aber Achtung! Hin und wieder gibt es kleine oder größere Unterschiede, die vielleicht zu Fehlern führen können. Daher ist es sinnvoll, dass du dir eine Tabelle anlegst, in der du französische Wörter mit ähnlichen Wörtern aus dem Deutschen, Englischen oder einer anderen Fremdsprache, die du lernst, vergleichst.

Frz.	Engl.	Dt.
riche	rich	reich
rôle	role	Rolle
une île	island	Insel
…	…	…

Découvertes 3

TU TE RAPPELLES? → Unité 5

1. Martinique ist <u>eine Insel</u>.	La Martinique est une _____.
2. Ein Teil der Antillen ist <u>französischsprachig</u>.	Une partie des Antilles est _____.
3. <u>eine</u> wichtige <u>Rolle</u> spielen	jouer _____ important
4. <u>im Laufe</u> der Geschichte	_____ l'histoire
5. ein <u>europäisches</u> Land	un pays _____
6. Sie <u>hat</u> ein Album <u>herausgebracht</u>.	Elle _____ un album.
7. Französisch ist <u>die Amtssprache</u> von Québec.	Le français est _____ du Québec.
8. Montréal ist eine <u>lebhafte</u> Stadt.	Montréal est une ville _____.
9. Québec ist <u>beeindruckend</u>.	Le Québec est _____.
10. Man lebt dort <u>weniger gut</u> als in Frankreich.	On y vit _____ qu'en France.
11. Sie möchte <u>ihren Lebensunterhalt verdienen</u>.	Elle veut _____.
12. Wir machen <u>Fortschritte</u>.	On fait _____.
13. <u>Im Vordergrund</u> sieht man Mädchen.	_____, on voit des filles.
14. <u>Im Hintergrund</u> ist ein Gebirge.	_____, il y a une montagne.

40 Un concours photo

*Lis l'annonce suivante. La personne a fait huit fautes de frappe (Tippfehler).
Barre les mots qui sont faux et corrige-les!*

GRAND CONCOURS PHOTO

Notre ureve cherche parmi

ses lecteurs et trilecces

les meilleurs latents pour

notre grand concours «La photo de ma vie».

Un yruj de cinq personnes choisira les nangagts.

Le prix? Un nouvel repapail photo riménuque.

Nous sommes sûrs que le xioch sera difficile!

1. _____
2. _____
3. _____
4. _____
5. _____
6. _____
7. _____
8. _____

Découvertes 3 — M1

41 Les vacances à la mer

Regarde les dessins et complète le poème avec les bons mots. Attention aux rimes!

1. En vacances, cette année,

   J'ai choisi une maison dans la _____.
2. Et oui! La mer, c'est la classe!

   Surtout la plage à _____.
3. Les grands bateaux étaient trop forts!

   Je les ai regardés dans le _____.
4. Un beau jour, sur la plage,

   J'ai ramassé un _____.
5. Ce jour-là, je suis monté

   Faire un pique-nique sur un _____.
6. Mais l'an prochain, pas de mystère,

   Je vais aux Antilles, le paradis sur _____.

42 Attention aux différences!

Beaucoup de mots français ressemblent à des mots allemands. C'est pourquoi on les comprend facilement. Mais attention à l'écrit! Tu connais l'orthographe des mots français?

1. ein Vulkan — un v▮l▮an
2. das Paradies — le parad▮s
3. ein Krater — un ▮rat▮r
4. eine Legende — une l▮gende
5. eine Kommune — une ▮ommune
6. ein Kult — un ▮ult

43 Tu trouves le trésor?

Tu participes à une chasse au trésor (Schatzsuche). Trouve les mots pour arriver à l'endroit où se cache le trésor!

1. Le jeu commence au  ▢▢▢▢▢▢▢▢ (2) qui montre le chemin vers le  ▢▢▢▢▢▢▢▢ (3).
2. Tu suivras les pistes à l'  ▢▢▢▢▢▢▢ (7). 3. Là, on te donnera un plan qui montrera un ▢▢▢▢▢▢ (4). 4. Tu y iras et tu trouveras l'entrée d'une ▢▢▢▢▢ (1) ▢▢▢▢▢▢ (6).
5. Quand tu entreras, tu verras une grande peinture de la ▢▢▢▢▢ (5).
6. En bas de la peinture, tu trouveras le trésor: une grande ▢▢▢▢▢▢▢ (1 2 3 4 5 6 7).

M1 — Découvertes 3

44 Bienvenue en Auvergne!

Tu t'informes sur l'Auvergne. Dans le texte, il y a des mots qui manquent. Choisis la réponse correcte pour chaque blanc.

L'Auvergne est une région au centre de l' **(Q1)** _____. Elle vit du tourisme mais aussi de la **(Q2)** _____ industrielle. Par exemple dans les **(Q3)** _____ de Michelin, on fabrique des **(Q4)** _____. Grâce aux activités comme l'escalade, les randonnées et les tours à cheval, la région est aussi un des grands **(Q5)** _____ touristiques de la France. Il faut **(Q6)** _____ goûter les spécialités **(Q7)** _____ de l'Auvergne, comme son fromage et sa viande. Le parc Vulcania près de Clermont-Ferrand attire un grand nombre de **(Q8)** _____ chaque année. On y apprend que les volcans de la région **(Q9)** _____ déjà depuis 20 millions d'années.

A	visiteurs	D	pneus	G	existent
B	Hexagone	E	lieux	H	production
C	typiques	F	usines	I	absolument

Ecris tes réponses ici:

Q1	Q2	Q3	Q4	Q5	Q6	Q7	Q8	Q9

45 Marseille, capitale européenne de la culture

Complète l'article sur Marseille avec les mots donnés.

Besucher   spazieren   Mittelmeer   Hafen   Bucht   existieren

En 2013, Marseille, cette ville multiculturelle qui _____ déjà depuis l'an 600 avant J.-C., a vécu une année spéciale. On a nommé le plus grand _____ de la _____ «Capitale européenne de la culture». Des millions de _____ du monde entier sont venus pour regarder des spectacles, écouter des concerts, visiter des musées, ou bien pour _____ sur la Canebière et faire un tour dans la _____ qu'on appelle «les Calanques».

46 De quoi est-ce que tu parles?

Lis les définitions et trouve le bon adjectif.

1. Une histoire qui est bizarre, on dit qu'elle est ? ☐ typique   ☐ numérique   ☐ mystérieuse.
2. Quelque chose qu'on trouve seulement dans un endroit est ? ☐ imprudente   ☐ typique   ☐ numérique.
3. Quelqu'un qui ne fait pas attention aux dangers est ? ☐ imprudent   ☐ prudent   ☐ typique.
4. Quand un endroit attire beaucoup de visiteurs, on dit qu'il est ? ☐ touristique   ☐ typique   ☐ multiculturel.
5. Quand une personne a plusieurs cultures, on dit qu'elle est ? ☐ typique   ☐ multiculturelle   ☐ imprudente.

Tout compris?

A *Traduis les phrases.*

1. Bei Ebbe habe ich Muscheln gesammelt.

___

2. Die Gewinner erhalten eine Digitalkamera.

___

B *Coche la ou les bonne(s) réponse(s).*

1. C'est une histoire qui n'est pas vraie.
   - [ ] une revue
   - [ ] une usine
   - [ ] un conte

2. C'est une personne qui lit.
   - [ ] un jury
   - [ ] un gagnant
   - [ ] un lecteur

3. On y trouve des vieilles peintures.
   - [ ] une grotte
   - [ ] un panneau
   - [ ] un culte

4. C'est le centre d'un volcan.
   - [ ] un hexagone
   - [ ] un cratère
   - [ ] un port

C *Complète les phrases avec les mots donnés.*

imprudent   **se promener**   **un paradis**   **touristique**

1. Avec son climat et sa nature, les Antilles sont _____ sur terre.

2. Allez, on va _____ au port.

3. Le Mont-Saint-Michel est un lieu très _____

4. Lucas n'a pas fait attention à la marée qui montait. Il était très _____

STRATEGIE

„Alte" Vokabeln wiederholen

Sicher hast du schon öfter bemerkt, dass du ein Wort gebrauchen möchtest, das du bereits vor einiger Zeit einmal gelernt hast. Aber nicht immer fällt einem im richtigen Moment das richtige Wort ein. Das Einzige, was hilft, ist regelmäßiges Wiederholen von bereits gelernten Wörtern!

Du kannst z. B. deine beiden ersten Bände von *Découvertes* wieder hervorholen, und dich *Unité* für *Unité* von jemandem abfragen lassen. Auch die **99 Wortschatzübungen** zu Band 1 und 2 könnten dir helfen, dich langfristig auch an Wörter zu erinnern, die du sonst irgendwann vergessen würdest.

Übrigens: In der Wortliste am Ende von *Découvertes* sind alle Wörter aufgeführt, die du in den letzten drei Jahren kennengelernt hast. Nutze auch im Vokabelteil die Zusammenfassungen „Auf einen Blick" und *Mon dico personnel* zum Wiederholen!

M2 — Découvertes 3

TU TE RAPPELLES? → Module 1

1. Es ist schwer, <u>eine Wahl zu treffen</u>.
   C'est difficile de _____.

2. Diese Vulkane <u>sind</u> vor 20 Millionen Jahren <u>entstanden</u>.
   Ces volcans _____ il y a 20 millions d'années.

3. <u>Wer</u> kauft das denn?
   _____ achète ça?

4. Ich <u>gehe</u> Abends <u>spazieren</u>.
   Je _____ le soir.

5. Touristen kaufen <u>jede Menge</u> Kitsch.
   Les touristes achètent _____ kitsch.

6. Man muss lesen, was auf den <u>Schildern</u> steht.
   Il faut lire _____.

7. Am Strand <u>sammelt</u> man Muscheln.
   Sur la plage, on _____ des coquillages.

8. Was muss man <u>unbedingt</u> ansehen?
   Qu'est-ce qu'il faut voir _____?

9. Das ist eine 1 km <u>lange</u> Avenue.
   C'est une avenue _____ un kilomètre!

10. Marseille liegt am <u>Mittelmeer</u>.
    Marseille est au bord de la _____.

47 Les problèmes de notre chaîne?

La chaîne de télé Gulli a des problèmes. Le directeur parle à ses collègues.
Complète le texte avec les bons mots. Ces mots en allemand sont là pour t'aider.

sich für etwas einsetzen	sich an jemanden richten	die Gesellschaft	das Milieu
das Publikum	der Zuschauer	kulturell	die Sendung	der Schriftsteller
der Humorist	das Tagesgeschehen	der Unfall	unerwartet

1. Notre chaîne a des problèmes en ce moment. Certains _____ ne regardent plus notre chaîne.

2. Nos _____ ne leur plaisent plus. 3. Il faut changer ça! Trouvez des thèmes qui intéressent le _____. 4. Nos _____ sont nuls, ils ne font rire personne! 5. Notre traitement de l'_____ ne plaît pas aux gens non plus. 6. Il ne faut pas seulement parler des _____ de train. 7. Les gens veulent aussi comprendre la _____ où ils vivent!

8. Nous devons aussi offrir des surprises aux gens avec des histoires _____. 9. Il ne faut pas non plus oublier les rendez-vous _____ où on présente les livres des _____ connus! 10. En résumé, nous voulons plaire à tout le monde, dans tous les _____: ingénieurs, coiffeurs, professeurs, nous _____ à tous! 11. Maintenant au travail! Nous devons nous _____ pour nos programmes.

Découvertes 3 — M2

48 Les définitions

Trouve les mots qui correspondent à ces définitions.

1. Quelque chose qu'on n'attend pas est ?
2. Qui ressemble aux autres.
3. Quelqu'un qui travaille sans gagner de l'argent.
4. Quelque chose qu'on n'oubliera jamais est ?
5. Un sujet.
6. Un journal qu'on peut lire tous les jours.
7. Une personne étrangère dans un pays.
8. Quand on en a, on fait rire les autres.
9. Quelqu'un qui est pauvre.

Le mot mystère : C _ _ _ _ _ _ _ _ _ .
             9 1 6 8 2 1 6 4 7 3 5

49 Les gros titres[1] ont disparu !

Dans le texte, il y a des mots qui manquent. Choisis la réponse correcte pour chaque blanc.

Terrible (Q1) de train à Combelles
Tous les hôpitaux de la région sont (Q2) pour les blessés.

Rencontre (Q3) à Paris
Le président et la chancelière ont eu un débat (Q4) avec des jeunes avant leur conférence devant la (Q5).

Une (Q6) de sans-papiers (Q7) au ministre dans une lettre ouverte
« Travail, logement : ensemble contre la (Q8) des immigrés ! »

Un spectacle très drôle : Le comeback réussi de Frank Seimoun
Après deux ans loin de la (Q9), retour du grand (Q10). Le public sera au (Q11) !

Un espoir (Q12) dans la crise au Moyen-Orient ?
Les diplomates de plusieurs pays ont pris des (Q13) pour la paix !

La nouvelle vie du président : Scandale (Q14) ou affaire (Q15) ?
Le traitement (Q16) de cette nouvelle par les magazines people est-il justifié ?

A	franco-allemande	E	rendez-vous	I	presse	M	mobilisés
B	scène	F	s'adresse	J	médiatique	N	public
C	inattendu	G	accident	K	association	O	privée
D	humoriste	H	national	L	engagements	P	discrimination

Ecris tes réponses ici :

Q1	Q2	Q3	Q4	Q5	Q6	Q7	Q8	Q9	Q10	Q11	Q12	Q13	Q14	Q15	Q16

---
[1] les gros titres : die Schlagzeilen

M2 Tout compris? — Découvertes 3

Tout compris?

A *Relie les contraires.*

1. public
2. libre
3. sérieux
4. banal
5. différent

a) égal
b) inoubliable
c) privé
d) humoristique
e) occupé

Relie les mots qui vont ensemble.

6. un écrivain
7. la presse
8. la scène
9. une association
10. un immigré

f) un sans-papiers
g) le public
h) un roman
i) les bénévoles
j) un quotidien

B *Coche la ou les bonne(s) réponse(s).*

1. Quand on a passé un moment génial, il est ?
   - [ ] inattendu
   - [ ] impossible
   - [ ] inoubliable

2. Quand on veut se mobiliser, on peut faire une ?
   - [ ] émission
   - [ ] association
   - [ ] diffusion

3. Quand quelqu'un est défavorisé, c'est une ?
   - [ ] émission
   - [ ] diffusion
   - [ ] discrimination

4. On peut s'informer sur l'actualité dans ?
   - [ ] des quotidiens
   - [ ] des magazines
   - [ ] des émissions

C *Complète les traductions.*

1. Alle Menschen sind frei und gleich an Würde und Rechten geboren.

   _____ naissent _____ en droits.

2. Ein freies Land braucht eine freie Presse.

   _____ .

STRATEGIE

Apprendre des mots abstraits
Für diejenigen, die ein ausgeprägtes visuelles Gedächtnis haben, ist es gar nicht so einfach, ohne „Bilder" zu lernen. Deshalb sollen abstrakte Wörter ein wenig „sichtbarer" werden.

1) Versucht euch, zu jedem abstrakten Wort eine Situation vorzustellen und eventuell einen kurzen Satz auszudenken.

   Il prend des engagements: six mois sans gâteau!

Apprendre ensemble des mots qui se ressemblent
Wenn du ähnliche Vokabeln verwechselst, kannst du sie in einem zusammenhängenden Satz lernen:
Les bénévoles de l'association demandent à la chaîne de télévision la diffusion d'une émission sur la discrimination des sans-papiers.

— Découvertes 4 — **1**

50 Le monde du spectacle

Lis les définitions et trouve les mots.

1. Il écrit des articles dans un journal. C'est un ?
2. Ils forment un groupe de théâtre. C'est une ?
3. Elle regarde un spectacle. C'est une ?
4. C'est comme une BD qui passe à la télé. C'est un ?
5. Il adore un chanteur. C'est un ?
6. Il prend des photos. C'est un ?
7. Tous les spectateurs ensemble. C'est le ?

Le mot mystère : C'est la __ __ __ __ __ __ __ __ .
　　　　　　　　　　　 1　2　3　4　5　6　7　8

51 Bienvenue au Festival de Cannes !

Lis cet article sur le festival de Cannes et complète avec les mots.

en compétition　　la Palme d'Or　　se sont donné rendez-vous　　a lieu　　personnalités　　médiatiques
étrangers　　genre　　jury　　international　　autant　　Palais des festivals

Cette année encore, le festival _____ du cinéma _____ à Cannes. C'est au _____ que les _____ du monde entier (acteurs, réalisateurs ...) _____. Toutes les télévisions sont là car c'est l'un des plus grands évènements _____ de ce _____. Plus de cent films français et _____ sont _____ dans différentes catégories. Le dernier jour du festival, un _____ de professionnels donne _____ au film qui leur a le plus plu. Quel succès ! Cette année encore, on n'avait jamais vu _____ de monde !

52 Tu te souviens ?

Contraire (≠) ou synonyme (=) ?

a) un endroit ☐ un lieu
b) célèbre ☐ inconnue
c) un animal ☐ une bête
d) en bas ☐ en haut
e) 1000 kg ☐ une tonne
f) très très petit ☐ géant
g) faire une promenade ☐ se promener
h) environ 100 ☐ une centaine
i) nouveau ☐ ancien
j) environ 10 ☐ une dizaine
k) la longueur ☐ la hauteur
l) très très gros ☐ énorme

trente-cinq　35

1 Découvertes 4

53 Qu'est-ce que c'est?

Regarde les dessins et écris les mots dans la grille.

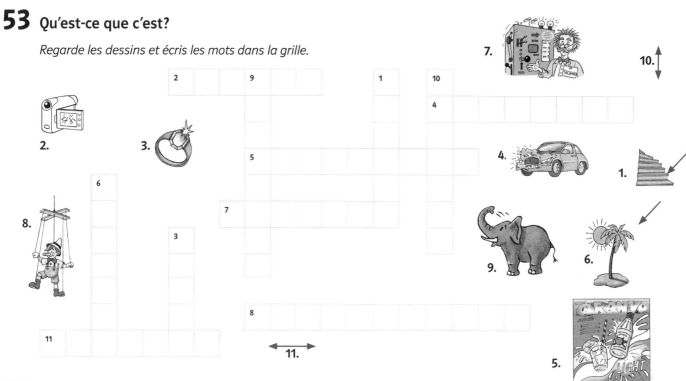

54 Le blog de Margaux

Dans le texte, il y a des mots qui manquent. Choisis la réponse correcte pour chaque blanc.

Hier, je suis allée au **(Q1)** _____ de Chanel **(Q2)** _____ Karl Lagerfeld est le grand **(Q3)** _____. Ma sœur qui est journaliste au magazine «Elle» avait des **(Q4)** _____. Alors, je me suis renseignée **(Q5)** _____ 'elle: «Dis, tu n'aurais pas **(Q6)** _____ une entrée pour ta sœur chérie?» Dans la vie, il faut toujours avoir de **(Q7)** _____ et du courage! Le défilé avait lieu au Grand Palais. On avait installé une scène géante: **(Q8)** _____ de 20 m et **(Q9)** _____ de 5 m. Le décor ressemblait à un supermarché! C'était un **(Q10)** _____ de **(Q11)** _____ et de **(Q12)** _____. Pour le public, organiser un défilé de Haute Couture dans un supermarché, c'était un **(Q13)** _____. Un vrai **(Q14)** _____, même! Où aura lieu le défilé **(Q15)** _____? Ah! La mode, quel **(Q16)** _____!

A	mélange	E	par hasard	I	couturier	M	défilé
B	métal	F	l'espoir	J	billets	N	scandale
C	dont	G	large	K	bois	O	suivant
D	auprès d'	H	haute	L	drame	P	cinéma

Ecris tes réponses ici:

Q1	Q2	Q3	Q4	Q5	Q6	Q7	Q8	Q9	Q10	Q11	Q12	Q13	Q14	Q15	Q16

Tout compris?

A *Complète avec l'aide des définitions.*

1. le fleuve de Paris → la S__i__e
2. pas habillé → n__
3. un atelier pour les bateaux → un __ha__t__e__ na__a__
4. un animal → une b__t__
5. un animal de plusieurs tonnes → un __l__p__ant
6. la région d'Astérix et Obélix → la __r__t__g__e

B *Coche la ou les bonne(s) réponse(s).*

1. Le soir, j'aime ? sur la Croisette.
   - [ ] me promène
   - [ ] me promener
   - [ ] se promener

2. Hier, Théo ? à l'office de tourisme.
   - [ ] cherches des renseignements
   - [ ] demande des informations
   - [ ] s'est renseigné

3. ? d'un spectacle avec une machine géante.
   - [ ] Pourquoi est-ce que tu parles
   - [ ] Mon exposé parle
   - [ ] Il s'agit

C *Traduis.*

1. Magalie braucht für ihr Referat Auskünfte über das Festival von Cannes.

2. Jedes Jahr treffen sich Schauspieler, Journalisten und Filmfachleute in Cannes.

3. Das erste Festival in Cannes fand 1946 statt.

4. Ein Dieb hat den sehr teuren Schmuck der Schauspielerin gestohlen.

5. Es ist ein internationales Festival, das sich an Jugendliche richtet.

STRATEGIE

A voix haute, s'il vous plaît!
Die Grundregel, wie du dir am besten neue Vokabeln merkst: Schreiben, wiederholen und laut vorlesen.
Die neuen Wörter solltest du am besten auf Karteikarten notieren. Vergiss dabei nicht den Artikel, die weibliche Form des Adjektivs oder den Verbanschluss. Dann wiederholst du die Vokabeln jeden Tag ein paar Minuten, damit du sie dir gut einprägst. Lies die Vokabel laut vor oder nimm dich mit dem Handy auf – das macht bestimmt Spaß!
Tipp: Du kannst dir Vokabeln besser merken, wenn du sie bündelst. Das geht zum Beispiel so:
Wortfelder: Wenn du Vokabeln zum Thema Kino lernst, stell dir eine Szene auf der Leinwand oder ein Foto aus einer Zeitschrift vor. Dann malst du die Szene mit Figuren und Elementen wie *le film, le réalisateur, l'acteur, le jury, le festival, la caméra, le public, le fan*.
Du kannst auch Wortfamilien bilden: *le réalisateur, la réalité, réaliser quelque chose, réel* oder *le photographe, la photo, prendre une photo*.
Eine gute Idee ist es auch, Synonyme oder Antonyme zusammenzustellen: *célèbre = connu, célèbre ≠ inconnu*.

2

Découvertes 4

TU TE RAPPELLES? → Unité 1

1. Schauspieler und <u>Journalisten</u> treffen sich auf der Croisette.
   Acteurs et _____ se donnent rendez-vous sur la Croisette.

2. Eine Jury von <u>Filmfachleuten</u> wählt den besten Film.
   C'est un jury de _____ qui choisit le meilleur film.

3. In Cannes werden französische und <u>ausländische</u> Filme gezeigt.
   A Cannes, on présente des films français et _____.

4. Die Schauspielerin trug sehr teuren <u>Schmuck</u>.
   L'actrice portait _____ très chers.

5. <u>Im Publikum</u> waren Journalisten.
   _____, il y avait des journalistes.

6. Der <u>Auftritt</u> der Gruppe *Phoenix* war genial.
   La _____ du groupe *Phoenix* était géniale.

7. Ich werde <u>mich</u> beim Fremdenverkehrsbüro <u>erkundigen</u>.
   Je vais _____ auprès de l'office de tourisme.

55 Partir loin ... oui mais comment?

Retrouve les mots et utilise-les dans le texte.

PÉREXIENCE   RECRIS'INS   USREF   ULFACTÉ   SOSSIPLITÉBI   QUITÉSAL
CEILONS   FRESOF   LOTIONCOCA   PLEMOI   VAMOTIONTI   ANTAGESAV

1. Partir à l'étranger, c'est une super _____. 2. Mais avant de partir, il faut se préparer. 3. Il y a plusieurs _____: vous pouvez chercher un _____ ou alors faire des études dans une _____. 4. Si vous cherchez un stage, vous trouverez des _____ sur Internet. 5. Prenez votre temps pour écrire votre lettre de _____. 6. Présentez vos _____. 7. Un _____: 8. si vous recevez un _____, gardez la pêche! 9. Il y a d'autres moyens de partir! Si vous allez à l'université, attention à la date de la rentrée; 10. il ne faut pas _____ trop tard! 10. Pensez aussi à trouver un appartement: 11. la _____ a beaucoup d' _____: 12. ce n'est pas cher et on fait des rencontres.

Découvertes 4 — 2

56 Les définitions

Trouve les mots et écris-les dans la grille. Trouve l'adverbe en gris, appris dans la leçon!

1. Aller dans un endroit avec qn.
2. Pouvoir faire quelque chose, c'est être ? de le faire.
3. Avoir envie, vouloir faire quelque chose.
4. Qui vient de l'ouest.
5. Quelqu'un qui partage un appartement avec d'autres personnes.
6. Se trouver quelque part, c'est être ? .
7. L'ensemble des échanges commerciaux et leur fonctionnement.
8. Quelqu'un qui lit.
9. Quelqu'un qui dit toujours la vérité l'est.
10. Un nom en bas d'une lettre.

57 Des phrases courtes, s'il vous plaît!

Ecris dans la colonne de droite les mots qui peuvent remplacer les extraits de phrases soulignés.

1. Dans ma lettre, je vais parler de toutes les choses que j'aime. → mes centres _____
2. Je voudrais travailler avec des jeunes de 12 à 16 ans. → a_____
3. J'ai lu des pages au début et deux chapitres à la fin du livre. → e_____
4. J'ai écrit mon nom en bas de la lettre de candidature. → s_____
5. Je crois que nous faisons quelque chose qui est faux. → nous _____

58 Des statistiques

A quels pourcentages correspondent ces statistiques sur les ados en France? Coche les bonnes réponses.

1. 32% des ados ont un ordinateur.
   ☐ un quart   ☐ un tiers   ☐ la moitié

2. 64% des ados se connectent sur Internet tous les jours.
   ☐ plus de la moitié   ☐ la moitié   ☐ moins de la moitié

3. 15% des ados ont du soutien scolaire.
   ☐ un quart   ☐ un cinquième   ☐ un sixième

4. Un ado sur 4 range la vaisselle tous les jours.
   ☐ un cinquième   ☐ un tiers   ☐ un quart

5. Trois ados sur quatre voudraient aller à l'université.
   ☐ les trois quarts   ☐ les deux cinquièmes   ☐ les deux tiers

2 Découvertes 4

59 Qui sera l'employé du mois?

*Regarde les images et retrouve les mots que représentent les pronoms en gras.
Ecris la lettre correspondante comme dans la première phrase.*

Mme Delaporte

M. Durel

Mme Komi

M. Cuvillier

1. M. Durel ne regarde jamais sa montre. **Ils** (K) ne l'intéressent pas.
2. **C'** (____) est son seul centre d'intérêt. On peut lui demander de travailler à Noël.
3. Quand il **la** (____) donne, on sait qu'il n'y **en** (____) aura pas, il dit toujours oui.
4. Madame Delaporte en est **une** (____) excellente.
5. Elle parle chinois et arabe et elle n'**en** (____) a pas du tout.
6. Elle peut changer de langue sans problème car elle **en** a une grande (____) dans ce domaine[1].
7. Mme Komi est la chef de service, elle **en** (____) a donc beaucoup avec 30 employés. Elle travaille vite et bien.
8. Heureusement qu'elle **l'** (____) est!
9. M. Cuvillier **y** (____) travaille. Les clients l'aiment bien car il **en** (____) a beaucoup.

A l'informatique
B une secrétaire
C l'accueil
D une maîtrise
E un refus
F les responsabilités
G rapide
H réponse
I un accent
J l'humour
K les horaires

60 Des bons conseils

Relie les phrases de la colonne de gauche avec les conseils de la colonne de droite.

1. «J'ai trouvé une offre d'emploi très intéressante.»
2. «Voilà une candidature qui nous intéresse.»
3. «Je fais des études de maths et je cherche un job.»
4. «Nous avons une idée pour un nouveau film.»
5. «Tu sais que 35% des handicapés ont fait des études?»
6. «Depuis mon accident, je ne trouve pas de travail.»
7. «J'ai beaucoup d'humour et je m'habille toujours avec des vêtements très originaux.»

A. C'est plus d'un tiers, je ne savais pas!
B. Cherchez dans la rubrique «Carnaval».
C. Il y a des programmes qui s'engagent contre le chômage des handicapés.
D. Proposez-lui un entretien d'embauche.
E. Proposez du soutien scolaire.
F. Envoyez votre scénario aux réalisateurs.
G. Envoyez une lettre de candidature.

---

[1] le domaine hier: der Bereich

Découvertes 4

61 Une nouvelle vie pour Emilie.

Dans le texte, il y a des mots qui manquent. Choisis la réponse correcte (A, B, C ou D) pour chaque blanc.

Après mon bac, je **(0)** _____ à l'université. Je n'avais pas encore d'idée de métier, je me disais que j'allais trouver facilement **(Q1)** _____ après la faculté. Je **(Q2)** _____ parce que je ne connaissais pas la réalité du monde **(Q3)** _____. J'ai fait des études d'anglais parce que les langues ont toujours été un de mes **(Q4)** _____. Les langues, c'est vraiment un **(Q5)** _____, mais ce n'est pas assez. Je trouve qu'on ne m'a pas donné assez de **(Q6)** _____ à l'université. A la faculté, on **(Q7)** _____ pour écouter le cours et on rentre à la maison. J'étais trop timide pour aller voir les profs, ça me **(Q8)** _____. Je voudrais donner un conseil aux **(Q9)** _____ qui n'ont pas encore d'idée pour leur orientation[1]. **(Q10)** _____ de votre dernière année de lycée, vous devez penser au travail que vous voulez faire. Pensez à vos qualités et vos centres d'intérêt mais regardez aussi les chiffres du **(Q11)** _____ dans les métiers qui vous plaisent. Enfin, **(Q12)** _____ de vos choix, choisissez vos études.

Il est aussi très important de faire des **(Q13)** _____ avec des **(Q14)** _____ qui ont de l'expérience et qui vous parleront de leur métier. Moi, j'ai eu la chance de rencontrer des gens qui m'ont fait confiance et m'ont embauchée. **(Q15)** _____, je travaille dans un centre culturel à Montpellier.

		A		B		C		D	
0	A	me suis engagée	B	me suis inscrite	C	me suis trompée	D	me suis trouvée
Q1	A	un emploi	B	une responsabilité	C	une réponse	D	un employé
Q2	A	me suis engagée	B	me suis inscrite	C	me suis trompée	D	me suis trouvée
Q3	A	professionnel	B	occidental	C	scolaire	D	franc
Q4	A	motivations	B	avantages	C	qualités	D	centres d'intérêt
Q5	A	moyen	B	accueil	C	avantage	D	conseil
Q6	A	dates	B	conseils	C	maîtrise	D	offres
Q7	A	se situe	B	embauche	C	s'assied	D	se trouve
Q8	A	plaisait	B	gênait	C	signait	D	tenait
Q9	A	employés	B	adolescents	C	lecteurs	D	handicapés
Q10	A	dès le début	B	avant	C	absolument	D	après
Q11	A	refus	B	carnaval	C	soutien scolaire	D	chômage
Q12	A	sans	B	après	C	en ce moment	D	à partir de
Q13	A	rencontres	B	offres	C	responsabilités	D	maîtrises
Q14	A	profs	B	professionnels	C	gardes	D	adolescents
Q15	A	dès le début	B	avant	C	à partir de	D	en ce moment

Ecris tes réponses ici:

0	Q1	Q2	Q3	Q4	Q5	Q6	Q7	Q8	Q9	Q10	Q11	Q12	Q13	Q14	Q15
B															

---

[1] **l'orientation** die Berufsorientierung

2 Tout compris? — Découvertes 4

Tout compris?

A *Coche la ou les bonne(s) réponse(s).*

1. Pour trouver un travail, il faut souvent ?
   - ☐ des avantages.
   - ☐ des responsabilités.
   - ☐ de l'expérience.

2. Quand on cherche un emploi, on écrit des lettres ?
   - ☐ d'embauche.
   - ☐ de candidature.
   - ☐ de motivation.

3. Si l'entretien se passe bien, on va vous ?
   - ☐ embaucher.
   - ☐ accompagner.
   - ☐ inscrire.

4. Pour tenir dans un emploi difficile, il faut ?
   - ☐ de la motivation.
   - ☐ un accent.
   - ☐ un refus.

5. En ce moment, il n'y a pas beaucoup d'offres et beaucoup trop ?
   - ☐ d'emploi.
   - ☐ réponses.
   - ☐ de chômage.

6. Il a envoyé sa candidature. Il a peur car il a déjà eu beaucoup de ?
   - ☐ de scénarios.
   - ☐ de refus.
   - ☐ de conseils.

B *Relie.*

embaucher — poser — s'inscrire — signer — tenir

une semaine — une candidature — un employé — à l'université — une lettre

C *Traduis.*

1. Ich suche nach Jobangeboten. _____

2. Er hat drei Bewerbungsschreiben verschickt. _____

3. Ich habe morgen mein Vorstellungsgespräch. _____

4. Das Unternehmen hat einen Behinderten angestellt. _____

STRATEGIE

Mehrere Lernstrategien für eine Lektion

1) Bei bestimmten Wörtern der Lektion ist es sinnvoll, in einer bestimmen **chronologischen Reihenfolge** zu lernen:
   1. Chercher une offre d'emploi.
   2. Ecrire une lettre de motivation.
   3. Attendre la réponse.
   4. Aller à un entretien d'embauche.

2) Um allgemeine und zentrale Wörter herum, kann man verschiedene **Begriffe und Ausdrücke sammeln**.
   Une lettre: une lettre de motivation, une lettre de candidature, signer une lettre, une lettre de réponse

3) An sich arbeiten: Versucht anhand der Wörter der Lektion ein stichwortartiges **Selbstporträt** zu erarbeiten:
   Beispiel: les qualités – l'humour / les centres d'intérêt – l'informatique / les expériences – le soutien scolaire …

Découvertes 4

TU TE RAPPELLES ? → Unité 2

1. Mein Bruder geht an die Uni.
   Mon frère va _____.

2. Zurzeit mache ich Praktika.
   _____, je fais des stages.

3. Ich habe noch nie ein Bewerbungsschreiben verfasst.
   Je n'ai jamais écrit de _____.

4. Paul hat seine Arbeit verloren. Jetzt ist er arbeitslos.
   Paul a perdu son travail. Maintenant, il est _____.

5. Was sind Ihre Interessenschwerpunkte?
   Quels sont vos _____ ?

6. Wir haben im Unterricht einen Auszug aus einem Roman gelesen.
   En classe, nous avons lu _____ d'un roman.

62 Des synonymes …

Retrouve les cinq paires de synonymes.

vaincre   une catégorie   gagner   lutter   le besoin

un domaine   la force   la nécessité   se battre   la puissance

_____ = _____

_____ = _____

_____ = _____

_____ = _____

_____ = _____

63 et des contraires

Retrouve les cinq paires de contraires.

la paix   la naissance   un ennemi   la guerre   un enfant

négatif   la mort   un ami   un adulte   positif

_____ ≠ _____

_____ ≠ _____

_____ ≠ _____

_____ ≠ _____

_____ ≠ _____

64 On écrit l'Histoire.

Regarde les images et les dates, puis donne le nom des événements.

1. 1939 – 1945

_____

2. 9 novembre 1989

_____

3. 3 octobre 1990

_____

4. 22 janvier 1963

_____

65 Comment dire …

Complète les phrases avec les bons mots.

Versöhnung   Kooperation   Frieden   Feind   Friedhöfe   Besatzung   Etappe

1. Après une guerre, il faut du temps pour qu'un ancien _____ devienne un ami.

2. Les Français et les Allemands ont travaillé ensemble et la chaîne Arte est née grâce à cette _____.

3. Adenauer et de Gaulle ont fait un geste pour la _____ des deux pays.

4. Ce geste a été la première _____ pour la naissance de l'Europe.

5. La guerre est finie et depuis longtemps, maintenant c'est la _____ en Europe.

6. A côté des champs de bataille en France, il y a de nombreux _____ où on a mis les soldats morts.

7. Pendant la guerre, les soldats allemands sont venus en France. L'_____ a été une période difficile.

Découvertes 4

66 Guerre et paix

Marcel a 20 ans et est soldat. Il écrit dans son journal intime. Relie les phrases de la colonne de gauche avec les conseils de la colonne de droite.

1. Nos ennemis sont entrés dans le pays. Depuis des mois déjà, nos soldats surveillaient (____), mais ils n'ont rien pu faire contre la (____) de leurs (____).
2. Beaucoup de jeunes veulent continuer à lutter et sont entrés dans des (____).
3. La situation est très dangereuse ici maintenant et beaucoup pensent à partir en (____).
4. J'ai le (____) que la guerre sera longue.
5. En ce moment, la vraie (____), c'est trouver quelque chose à manger!
6. Notre président n'a pas réussi à (____) les autres pays de se battre avec nous.
7. Sans (____), nous ne pouvons rien faire.
8. Moi, je (____) de perdre l'espoir et je pense au jour où (____) reviendra.
9. Pendant des années, nous avons eu des bonnes (____) avec nos voisins alors je pense que l'(____) sera un jour possible.

A. relations
B. puissance
C. la paix
D. mouvements de résistance
E. nécessité
F. les frontières
G. soldats
H. convaincre
I. refuse
J. amitié
K. exil
L. alliance
M. sentiment

67 On oublie les clichés, s'il vous plaît

Voilà des choses qu'on entend souvent sur les Allemands et les Français. Relie les parties.

1. On dit que l'Allemand typique mange seulement ça et boit seulement ça.
2. On dit que les Parisiens sont toujours énervés et stressés. Ils n'ont jamais le temps, quelle ?
3. On dit que les Allemands sont sérieux et qu'ils n'ont pas d'humour. On pense qu'ils sont très ?
4. On dit que les Français n'aiment pas les ordres, qu'ils ne font pas ce qu'on leur demande. Ils n'ont pas assez de ?
5. L'amitié franco-allemande est forte et les deux pays sont des ?

a) impatience!
b) stricts et rigides.
c) la choucroute et la bière
d) rigueur.
e) partenaires.

3 Découvertes 4

68 Des images choc!

Lis les définitions et trouve les mots.

1. «Star Academy» est mon ? préférée.
2. «Girls» est une ? télévisée américaine.
3. Donner un bisou, c'est ? .
4. Alex a donné un coup à Léo et l'a ? .
5. Ce sont toutes les personnes qui travaillent. C'est le ? .
6. Quand on a un problème, il faut le ? .
7. Angela Merkel l'est devenue en 2005.
8. Le Rhin forme une ? entre la France et l'Allemagne.

Le mot mystère: «Widerstand leisten», c'est __ __ __ __ __ __ __ __ .
                                                3 2 5 1 4 8 6 7

69 Les Allemands, ils sont comment?

Mme Leroy se souvient de son enfance et parle de l'Allemagne. Dans le texte, il y a des mots qui manquent. Choisis la réponse correcte (A, B, C ou D) pour chaque blanc.

Dans mon **(Q1)** _____ , j'ai toujours entendu mes grands-parents parler des Allemands. Ils n'en avaient pas une bonne **(Q2)** _____ parce qu'ils ont été **(Q3)** _____ par la guerre. Mais moi, j'ai voulu faire mon **(Q4)** _____ toute seule et je suis partie en Allemagne. Après avoir passé trois mois à Berlin, je ne voulais plus partir. Il ne faut pas toujours croire les **(Q5)** _____ sur les relations entre la France et l'Allemagne! L'amitié franco-allemande est le **(Q6)** _____ de l'Europe. Ensemble, ces deux pays ont eu **(Q7)** _____ de changer les choses après la guerre.

Q1	A	enfance	B	impatience	C	esprit	D	naissance
Q2	A	volonté	B	esprit	C	image	D	rigueur
Q3	A	marqués	B	surveillés	C	refusés	D	déclarés
Q4	A	produit	B	esprit	C	domaine	D	jugement
Q5	A	chanceliers	B	soldats	C	sondages	D	personnels
Q6	A	produit	B	exil	C	coup	D	moteur
Q7	A	le geste	B	la volonté	C	la rigueur	D	l'impatience

Tout compris?

A *Coche la ou les bonne(s) réponse(s).*

1. Dans la résistance, il n'y a pas de place pour les ?
   - [ ] personnels.
   - [ ] ordres.
   - [ ] sentiments.

2. Il a quitté le pays et vit maintenant en ?
   - [ ] occupation.
   - [ ] exil.
   - [ ] domaine.

3. Tu ne pourras pas partir car les soldats surveillent ?
   - [ ] les frontières.
   - [ ] les étapes.
   - [ ] les cimetières.

4. Mon fils, je n'oublierai jamais le jour de ?
   - [ ] ta naissance.
   - [ ] ton enfance.
   - [ ] ton alliance.

5. Les deux pays travaillent ensemble et ils ont des bons résultats avec cette ?
   - [ ] alimentation.
   - [ ] occupation.
   - [ ] coopération.

6. Le grand évènement de 1989 a été ?
   - [ ] le traité de l'Elysée.
   - [ ] la chute du mur.
   - [ ] la bataille de Verdun.

B *Traduis.*

1. Der Kanzler und der Präsident haben eine Geste gemacht.

2. Es gibt keine Zusammenarbeit ohne Versöhnung.

3. Es ist verboten zu kämpfen!

4. Hör auf deine Gefühle!

STRATEGIE

Vocabulaire contre la montre!
1) Am besten spielt ihr dieses Spiel zu zweit! Bereitet mehrere „fiches de vocabulaire" mit ca. 10 bis 15 wichtigen Wörtern der Lektion vor. Die Wörter sollten möglichst thematisch eine Einheit bilden. (*par exemple: la guerre, les clichés etc.*)
2) Die Wörter solltet ihr jeweils in kurze Sätzen integrieren. Lasst euch dafür von der rechten Spalte der Wortschatzliste in eurem Schülerbuch inspirieren. Schreibt diese Sätze auf ein DIN-A4-Blatt. Auf den *fiches* gibt es also zwei Spalten: Französisch und Deutsch.
3) Befragt euch gegenseitig. Ihr solltet natürlich richtige Antworten geben, aber auch schnell sein. Gewonnen hat, wer die meisten richtigen Antworten in der kürzesten Zeit gegeben hat.

Découvertes 4

TU TE RAPPELLES? → Unité 3

1. Was ist <u>deine</u> Lieblings<u>serie</u>? Quelle est _____ préférée?
2. <u>die großen Etappen</u> der Geschichte _____ de l'histoire
3. die <u>gemeinsame</u> Geschichte l'histoire _____
4. In <u>einem Krieg</u> sterben viele Menschen. Pendant _____, beaucoup de gens meurent.
5. 1914 <u>hat</u> Deutschland Frankreich den Krieg <u>erklärt</u>. En 1914, l'Allemagne _____ la guerre à la France.
6. Heute sind <u>die Beziehungen</u> gut. Aujourd'hui, _____ sont bonnes.
7. In Verdun gibt es sehr große <u>Friedhöfe</u>. A Verdun, il y a des très grands _____.
8. <u>die Versöhnung</u> der beiden Länder _____ des deux pays
9. Ich habe <u>eine Sendung</u> auf ARTE gesehen. J'ai regardé _____ sur ARTE.
10. <u>die Grenze</u> überqueren traverser _____

70 En famille

Mets les mots suivants dans leur forme féminine ou masculine.

♂	le beau-père		l'arrière-grand-père	
♀		une belle-sœur		la grand-tante

71 Les affaires de famille

Trouve les équivalents des expressions ci-dessous.

1. un mariage
2. un choix
3. une belle-sœur
4. un orphelin
5. un époux
6. une union
7. une obligation
8. les origines
9. un frère aîné
10. un mineur
11. la solitude
12. une nièce

a. la femme de votre frère ou sœur
b. une personne qui n'a pas encore 18 ans
c. un mari
d. la fille de votre frère ou sœur
e. un enfant dont les parents sont morts
f. le fait d'être marié(e) avec qn
g. le fait de devoir (faire) quelque chose
h. l'acte de choisir / d'avoir choisi
i. une relation entre deux personnes
j. c'est d'où ta famille vient
k. le garçon le plus âgé de la famille
l. le fait d'être / de se sentir seul(e)

1. ____ 2. ____ 3. ____ 4. ____ 5. ____ 6. ____ 7. ____ 8. ____ 9. ____ 10. ____ 11. ____ 12. ____

72 Familles de mots

Trouve un adjectif ou un nom qui correspond aux mots suivants.

Nom	Adjectif	Verbe	Nom
une tradition		réaliser qc	
l'ironie		réagir	
la famille		suivre	
la solitude		se marier	
la liberté		être obligé,e de	
la réalité		choisir	
le Sénégal		parler	

73 Synonyme ou contraire?

Synonyme (=) ou contraire (≠)?

une élève		une lycéenne		un mineur		un adulte	
un roman		un livre		bosser		travailler	
réel		vrai		un vieillard		un ado	
traditionnel		moderne		être forcé		être obligé	

74 Toujours des obligations!

Complète les phrases avec les bons verbes.

attirer qn/qc   **respecter** qn/qc   **serrer** qc   **élaborer** qc

prononcer qc   **poursuivre** qc   **remplir** qc   **engager** qn

1. Pour faire des études dans un autre pays, il faut _____ beaucoup de papiers.

2. Pour vendre beaucoup, il faut _____ des bons vendeurs.

3. Pour vendre beaucoup, il faut aussi _____ beaucoup de clients.

4. Pour avoir du succès dans la vie, il faut _____ des projets réalistes.

5. Pour travailler à la radio, il faut savoir _____ des mots difficiles sans problème.

6. Pour devenir président, il faut _____ la main de beaucoup de personnes.

7. Pour ne pas finir en prison, il faut _____ la loi.

8. Pour avoir une bonne position dans une entreprise, il faut _____ ses études.

— Découvertes 4 —

75 Faire ses études n'est pas facile.

Complète le texte avec la bonne expression A – H et écris la lettre dans la grille sous Q1 – Q8.

Pour trouver un bon travail, il est très important d'avoir une bonne (Q1) _____. Mais après l'école, beaucoup de (Q2) _____ ne savent pas encore quoi faire dans leur vie. Beaucoup veulent (Q3) _____ des études mais doivent d'abord trouver un travail. Le (Q4) _____ d'argent est très réel quand on quitte la maison de ses parents pour étudier. C'est pourquoi quelques étudiants doivent (Q5) _____ jour et nuit. Parfois, il ne reste pas beaucoup de temps pour (Q6) _____ ses études. En plus, on (Q7) _____ ses amis seulement en cours. Mais parfois, le travail est aussi un bon (Q8) _____ pour ne pas aller en cours très souvent.

| A | bosser | B | poursuivre | C | prétexte | D | besoin |
| E | éducation | F | lycéens | G | approfondir | H | croise |

Q1	Q2	Q3	Q4	Q5	Q6	Q7	Q8

76 Mehdi, sa famille et Anne-Sophie

Complète le texte par les expressions ci-dessous.

finir par faire qc **obliger** qn à faire qc **reconnaître** qn/qc **défendre** qn/qc **tomber amoureux** de qn **protéger** qn/qc **amener** qn **éprouver** qc **partager** qc **mettre en jeu** qc **promettre** qc

1. Mehdi rentrera au Sénégal et il va _____ son épouse Anne-Sophie chez ses parents. 2. Il n'est pas sûr si ses parents vont _____ cette union avec une Française. 3. Quand il a rencontré Anne-Sophie il y a trois ans, il était tout de suite sûr d'_____ quelque chose pour cette fille. 4. Mais au début, il n'a pas osé _____ d'elle à cause des problèmes qu'il aurait avec ses parents. 5. Aujourd'hui, Mehdi est sûr qu'il va _____ toute sa vie avec Anne-Sophie, mais il est inquiet. 6. Son père a toujours essayé d'_____ son fils à se marier avec une femme sénégalaise. 7. Le mariage avec Anne-Sophie pourrait _____ la bonne relation avec sa famille. 8. Avant de partir au pays, Mehdi a dû _____ quelque chose à Anne-Sophie. 9. Il va _____ Anne-Sophie contre des attaques possibles de la part de sa famille. 10. Mehdi va tout faire pour _____ son amour pour Anne-Sophie. 11. Mais il sait aussi qu'il risque de _____ par perdre le contact avec ses parents.

50 cinquante

77 Dis-moi ce que tu vois.

Trouve les bons mots et écris-les en dessous des images.

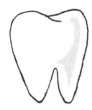   

1. _____ 2. _____ 3. _____ 4. _____

5. _____ 6. _____ 7. _____ 8. _____

78 En anglais et en français.

Ecris les mots anglais en français.

en anglais	en français	en anglais	en français
the honor		a piece	
a nationality		honest	
to exist		to react	
an orphan		to realize	
to judge		a proverb	
a detail		an origin	
a law		to fall in love	

79 Mots croisés

Complète la grille avec les bonnes traductions.

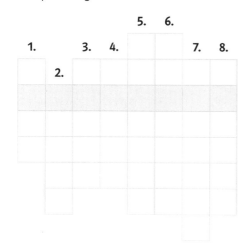

1. real
2. beugen, fallen
3. Art und Weise
4. vorgesehen
5. einstellen
6. verlockend
7. scheinen
8. eigen

Le mot mystère: _ _ _ _ _ _ _ _

80 C'est mon choix de le faire.

Relie les parties et forme les bonnes expressions.

1. attirer
2. suivre
3. approfondir
4. laisser
5. partager
6. poursuivre
7. faire
8. donner

a) un conseil
b) ses connaissances
c) le choix à qn
d) l'attention de qn
e) un appartement
f) un choix
g) des études
h) sa parole d'honneur

81 Des adjectifs

Coche la bonne réponse.

1. Damien n'est pas très sérieux. Il est toujours ?
   - [ ] honnête.
   - [ ] ironique.
   - [ ] tentant.

2. Mmm... Le gâteau a l'air délicieux. C'est très ?
   - [ ] tentant.
   - [ ] probable.
   - [ ] particulier.

3. Le chômage augmente tous les jours. La situation est ?
   - [ ] prévue
   - [ ] préoccupante
   - [ ] tentante

4. Léo fait toujours ce qui lui plaît. Il se sent ?
   - [ ] libre.
   - [ ] double.
   - [ ] aîné.

5. Je ne veux pas sortir ce soir. C'est mon ? choix.
   - [ ] double
   - [ ] propre
   - [ ] réel

6. Je trouve que Marie n'est pas très ? avec nous. Elle ment toujours.
   - [ ] traditionnelle
   - [ ] propre
   - [ ] honnête

Découvertes 4 — Tout compris? — **M1**

Tout compris?

A *Coche la bonne traduction.*

1. minderjährig
- [ ] aîné,e
- [ ] mineur,e
- [ ] préoccupant,e

2. anerkennen
- [ ] promettre
- [ ] paraître
- [ ] reconnaître

3. verpflichtet sein
- [ ] être obligé,e
- [ ] être amené,e
- [ ] être épargné,e

4. ein Bedürfnis
- [ ] un sens
- [ ] un besoin
- [ ] une loi

B *Traduis.*

1. Er verteidigt seine Ehe. _____
2. Das Knie tut ihr weh. _____
3. Bringst du deine Nichte mit? _____
4. Geben Sie mir Ihr Wort! _____

C *Trouve le verbe (V), l'adjectif (A) ou le nom (N) qui correspondent aux expressions suivantes.*

1. une tradition (A) _____
2. la suite (V) _____
3. être obligé de (N) _____
4. la famille (A) _____
5. grand (V) _____
6. réaliser qc (A) _____

D *Trouve un synonyme.*

1. plus âgé que _____
2. un moins de 18 ans _____
3. sembler _____
4. habiter _____
5. travailler _____
6. un moment _____

STRATEGIE

Wortfamilien nutzen

Nutze beim Vokabellernen dein Wissen über Wortfamilien. Schau dir dazu noch einmal die Übung 72 an. Du kannst auch für andere *Unités* solch eine Liste anlegen, in der du Vokabeln mit demselben Wortstamm nach Nomen, Verb und Adjektiv sortierst. Das hilft dir auch dabei, beim Sprechen und Schreiben flexibler zu werden.

M2 — Découvertes 4

TU TE RAPPELLES? → Unité 3

1. Der Autor erzählt seine <u>Kindheitserinnerungen</u>.
   L'auteur raconte ses _____.

2. Das <u>Personal</u> eines Unternehmens sind seine <u>Angestellten</u>.
   Le _____ d'une entreprise, ce sont ses _____.

3. Er versucht, jeden von uns zu <u>überzeugen</u>.
   Il essaye de _____ chacun de nous.

4. Es ist eine <u>Notwendigkeit</u>, da es der <u>Wille</u> deiner Eltern ist.
   C'est une _____ parce que c'est la _____ de tes parents.

5. <u>Nachdem</u> ich Deutschland besucht habe, verstehe ich das Land besser.
   _____ visité l'Allemagne, je comprends mieux ce pays.

6. Es gab <u>schwierige Zeiten</u>.
   Il y a eu des _____.

7. Was kommt dir in <u>den Sinn?</u>
   Qu'est-ce qui te vient à _____ ?

8. Die <u>Stärke</u> der europäischen Wirtschaft ist groß.
   La _____ de l'économie européenne est grande.

82 Au camping → DE

Trouve ce qu'il faut aux campeurs.

1. Pour te connecter au wifi, il te le faut. → le _____ _____
2. C'est le chemin qu'on prend pour faire une randonnée. → un _____
3. Tu peux y prendre une douche. → les _____
4. On peut y organiser par exemple une fête. → une _____ commune
5. On peut y dormir si on a ni tente ni camping-car. → un _____

83 Les règles du camping! → DE

Trouve les verbes qui manquent pour compléter les règles du camping.

1. Ne pas _____ *(stören)* ses voisins.
2. Ne pas _____ *(anzünden)* de feux dans le camping.
3. _____ *(deponieren)* les clés des mobile homes au bureau avant de partir.
4. _____ *(wegwerfen)* les déchets dans les poubelles.

— Découvertes 4 — M2

84 Les définitions

Trouve les mots qui correspondent à ces définitions.

1. C'est un téléphone portable. C'est un ?
2. Un autre mot pour le bazar. C'est le ?
3. Aller dormir, c'est ?
4. Tu en as besoin pour faire la cuisine dans un camping. C'est le ?
5. Donner qc à qn pour un moment, c'est ?
6. Avoir l'air, c'est ?
7. Quelqu'un dans un roman ou un film. C'est un ?
8. C'est entre le smartphone et l'ordinateur. C'est une ?
9. Un réseau Internet. C'est le ?
10. Il a plus de puissance qu'un roi. C'est un ?

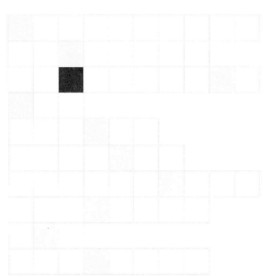

Le mot mystère: Quelle ___ ___ ___ ___ ___ ___ ___ ___ ___ E!

85 Des campeurs contents en Corse

Complète le texte avec les mots qui manquent.

1. La Corse est une région très **tou**_____, c'est **ex**_____, mais on peut y trouver aussi des petites plages **vi**_____!

2. Au camping, il y a une vie **so**_____. Si quelqu'un exprime son **mé**_____ _____, on trouve un **com**_____.

3. Au camping, il faut être **vi**_____ avec le feu. Il faut être **res**_____ et respecter les règles de sécurité.

→ T3

4. Le matin, devant les sanitaires, les lavabos ne sont pas toujours **dis**_____, alors il ne faut pas être **im**_____!

5. Les mobile homes sont **con**_____, la **dé**_____ est bien et le **ma**_____ est moderne.

6. L'eau de la mer est très **pro**_____, c'est super pour la **plon**_____! C'est un vrai paradis!

86 C'est le bazar au camping!   → T2

Regarde les dessins et trouve les mots. Puis relie les mots aux verbes qui leur correspondent.

1. monter   **2.** recharger   **3.** se connecter   **4.** télécharger   **5.** allumer

une application   une _____   une _____   au _____   une _____

87 C'est la fête!   → T3

Léa prépare son anniversaire. Qu'est-ce qu'elle demande à ses amis? Relie les parties entre elles.

1. Qu'est-ce qu'on mange? Qui s'occupe
2. Pierre, tu peux brancher l'appareil
3. Alex, tu m'aides à préparer
4. Qui peut mettre un CD
5. Vous aimez mon idée
6. Tu as une rallonge

a) dans le lecteur?
b) sur une prise de courant?
c) de soirée à thème?
d) du menu?
e) la décoration?
f) pour brancher le matériel?

1.	2.	3.	4.	5.	6.

Découvertes 4 — M2

88 Dans mon sac à dos …
→ T4

Trouve les mots.

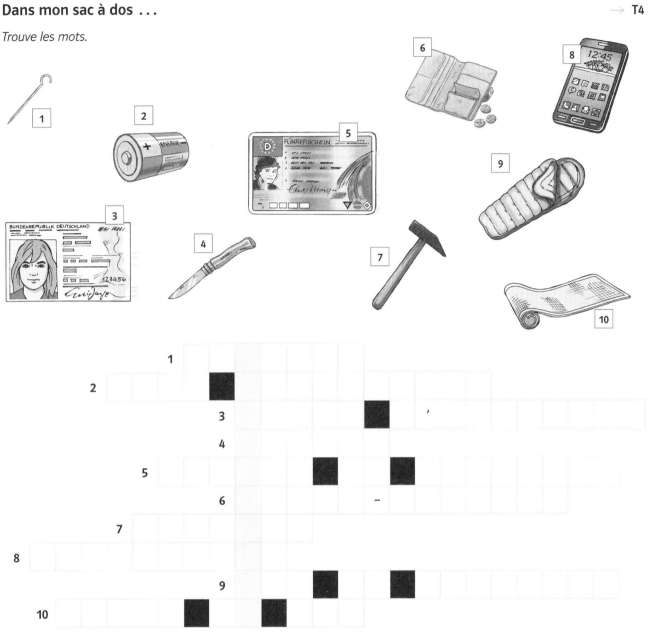

89 Cet exercice, ça me dit bien!

Essaie de retrouver le sens des expressions suivantes. Coche les bonnes réponses.

1. Ce n'est pas demain la veille!
- ☐ Cela va durer encore longtemps.
- ☐ Ne pas sentir quand ça fait mal.
- ☐ Etre très amoureux de qn.

2. Il y a de l'eau dans le gaz!
- ☐ Etre très amoureux de qn.
- ☐ Il y a un problème.
- ☐ Bien s'entendre.

3. Avoir qn dans la peau.
- ☐ Bien s'entendre.
- ☐ Etre très amoureux de qn.
- ☐ Proposer son aide.

4. Avoir un bon réseau.
- ☐ Faire ce qui est bien.
- ☐ Connaître beaucoup de personnes.
- ☐ Parler trop longtemps.

cinquante-sept 57

Tout compris?

A *Coche la ou les bonne(s) réponse(s).*

1. Avec un smartphone, on peut ?
   - [ ] télécharger des applications.
   - [ ] se coucher.
   - [ ] trouver un réseau wifi.

2. Pour monter une tente, il faut ?
   - [ ] des sardines.
   - [ ] un marteau.
   - [ ] des déchets

3. Quand il fait trop sombre, on allume ?
   - [ ] une lampe.
   - [ ] une pile électrique.
   - [ ] une règle.

4. «Bequem» en allemand, c'est ?
   - [ ] disponible.
   - [ ] confortable.
   - [ ] impatient.

B *Relie.*

1. monter
2. se connecter
3. jeter
4. allumer
5. déranger
6. déposer

a) à Internet
b) les déchets
c) un incendie
d) ses voisins
e) sa valise
f) une tente

C *Quels mots n'appartiennent pas au thème du camping?*

un marteau   un empereur   une lampe   un opinel   une tente   un tapis de sol   un sac à dos   un mobile home   une campeuse   un personnage

STRATEGIE

Apprendre le vocabulaire en cinq étapes

Wenn eine Lerneinheit viele neue Vokabeln enthält, muss mehr denn je mit dem Lernen systematisch und methodisch umgegangen werden. Wenn du diese 5 Punkte-Methode anwendest, bleibt die Lexik da, wo sie hingehört … nämlich in deinem Kopf!

1. Aufnehmen — Das ist der wichtigste Schritt! Versuche dir das Wort mental einzuprägen, entweder als Bild oder Fotografie des geschriebenen Wortes oder als buchstabiertes Wort, als Reihenfolge von Buchstaben.
2. Überprüfen — Schließ die Augen und konzentriere dich auf das, was du dir eingeprägt hast, visualisiere das Wort. Schlage in deinem Heft nach, ob das Bild von dem Wort, das du jetzt im Kopf hast, dem Wort entspricht.
3. Wiedergeben — Schließ dein Heft wieder und schreibe jetzt das Wort auf, das du dir eingeprägt hast.
4. Kontrollieren — Kontrolliere die Richtigkeit dieses geschriebenen Wortes.
5. Korrigieren / Ergänzen — Falls du Fehler gemacht hast, schreibe oder buchstabiere das Wort 5-mal nacheinander.

! Bei Fehlern solltest du diese 5 Schritte nach ein paar Stunden wiederholen, um das Gelernte zu festigen.

Découvertes 4 — M3

TU TE RAPPELLES ?
→ Unité 3

1. Es ist der erste Schritt zur <u>Versöhnung</u> der beiden Länder.
   C'est le premier pas vers la _____ des deux pays.

2. Steckrüben sind ein weißes, <u>rundes</u> Gemüse.
   Les rutabagas sont des légumes blancs et _____ .

3. Es ist der <u>Wille</u> deiner Eltern.
   C'est la _____ de tes parents.

4. Der <u>Motor</u> läuft nicht mehr!
   Le _____ ne marche plus

5. <u>Sauerkraut</u> ist ein typisch deutsches Gericht.
   La _____ est un plat typiquement allemand.

6. Es gab schwierige <u>Zeiten</u>.
   Il y avait des _____ difficiles.

90 Des dessins et des mots

Regarde les dessins et trouve les mots. Quel est le mot mystère?

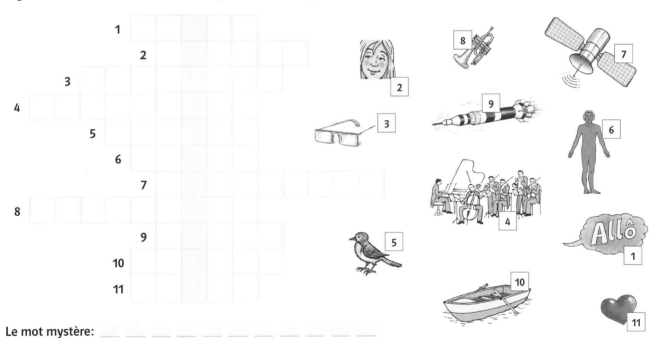

Le mot mystère: _____

91 C'est tout le contraire

Synonyme (=) ou contraire (≠)? Complète le tableau avec le bon symbole.

bête		intelligent	original		banal
devant		face à	être fier de		être content de
triste		gai	acheter		vendre
rapide		lent	venir plus près		approcher
fort		doux	disparaître		apparaître
encore une fois		de nouveau	un couteau		une arme
pâle		vif	idiot		bête

cinquante-neuf 59

92 Dans la maison de Victor Hugo

Complète le texte sur Victor Hugo avec les bons mots. Attention certains verbes peuvent devoir se conjuguer!

| ETÈPO | TRAITSPOR | SSIONPA | STREMINIS | S'ASERMU | BLIERPU | NIEGÉ | S'INSLLERTA |
| YERS'ENNU | VRESŒU | COLIQUEMÉLAN | VAINÉCRI | TONEMONO | TÉSAN | GEMENTENGA |

1. Quand on visite la maison de Victor Hugo, place des Vosges à Paris, on apprend beaucoup de choses sur la vie de cet _____ de _____. 2. Ça commence dans l'escalier où il y a plein de _____ de lui, jeune ou plus vieux. 3. Souvent sérieux, avec sa grosse barbe, il ressemblait à la fin de sa vie à un bon grand-père qui aimait faire rire et _____. 4. Dans les pièces de la maison, ensuite, on trouve ses _____ les plus connues: «Notre-Dame de Paris» et «Les Misérables». 5. Mais en plus de ces romans, il faut savoir que Victor Hugo était aussi un grand _____ : il a _____ de nombreux poèmes. 6. Hugo était venu _____ dans cette maison en 1832. On apprend qu'il écrivait debout et qu'il dormait assis! 7. En 1845, un terrible évènement change sa vie: sa fille chérie Léopoldine, la première de ses quatre enfants, trouve la mort dans un accident. Hugo devient alors très _____. 8. Mais la littérature reste sa _____ et son _____ dans la politique l'aide. 9. Il proteste contre la politique de Napoléon III et ses _____. 10. Il doit alors quitter sa maison à Paris et partir en exil sur l'île de Guernesey où sa vie est _____. 11. Là-bas, il commence à _____. C'est presque 20 ans plus tard qu'il rentre en France. 12. Avec l'âge, sa _____ est mauvaise: il meurt en 1885.

93 Qu'est-ce que c'est en français?

Trouve la traduction en français.

en allemand	en anglais	en français
eine Agentur	an agency	
ein Orchester	an orchestra	
sicher sein	to be sure of	
ein Charakter	a character	
konsumieren	to consume	
die Literatur	literature	
eine Trompete	a trumpet	

Découvertes 4 — M3

94 En un verbe …?

Complète le tableau.

Nom	Verbe
un constructeur	
un vol	
le destin	
un inventeur	
	écrire
	correspondre
un vendeur	
la censure	

95 En un adjectif …?

Complète le tableau.

Nom	Adjectif
la réalité	
une caricature	
la Russie	
	passionnant,e
l'ennui	
l'actualité	
l'intelligence	

96 A l'époque de Boris

Complète le texte sur Boris Vian.

La cri_____ financière de 1929 rui_____ toute la famille Vian qui doit déménager. Mais Boris s'ennuie dans sa nouvelle maison, il re_____int souvent son ami Yehudi dans sa chambre d'avant. L'adolescent découvre le ja_____ à 16 ans. Sa trom_____te trouble souvent le silence des voisins qui se plai_____ent. En 1939, le jeune homme a 19 ans, il craint de devoir faire la guer_____. Il écrit une chanson contre. Sa chanson «Le Déser_____ur » s'adresse à tous ceux qui refusent de se battre et de tu_____ des gens. Parce que le texte est _____nsuré, la chanson ne passe pas sur les radios. Certains de ses textes font ri_____ le public, mais pas toujours. Certaines personnes sont en colère. Plusieurs fois, l'écrivain-chanteur a envie d'annu_____r ses concerts. Pour se calmer, il conso_____e beaucoup de pi_____les.

97 A chaque mot sa définition

Lis ces courtes définitions, puis complète-les avec les mots de la liste. Attention, il y a des mots en trop! Ensuite relie les définitions de la colonne de gauche à celle de droite.

Boris Vian · vaut mieux · transport · traversée · emporter · vendre · Vietnam · Airbus

1. Cette compagnie était spécialisée dans le _____ des lettres. Un de ses pilotes s'appelait Antoine de Saint-Exupéry.

2. Dans les années 40, c'était la musique pop que tout le monde écoutait et la musique préférée de l'écrivain _____. Un groupe célèbre s'appelait le Hot Club de France.

3. Cet avion avec son nez bizarre a fait la _____ Paris-New York pendant 27 ans. Depuis 2003, il ne rejoint plus l'autre côté de l'Atlantique. On ne peut plus le voir dans le ciel, mais dans les musées.

4. Cette ville se trouve au _____ dans le Sud de l'Asie. Là, les Français ont perdu une bataille qui a marqué en 1954 la fin de la guerre d'Indochine.

5. Elle est le résultat d'une collaboration européenne. Cette fusée qu'on lance à Kourou en Guyane peut _____ des satellites dans l'espace.

6. En 1954, beaucoup de Français pensent qu'il _____ garder cette dernière colonie. Ils sont donc pour une bataille qui durera 8 ans.

A. Ariane
B. la guerre d'Algérie
C. l'Aéropostale
D. Dien Bien Phu
E. Le jazz
F. Le Concorde

1.	2.	3.	4.	5.	6.

98 Portrait: Qui est-ce?

Quelle vignette correspond à la personne décrite dans le texte?

La personne est grande et mince. Cheveux ni courts, ni longs, au-dessus des épaules, elle porte la barbe et une moustache. Avec ses vêtements classiques, la personne a un look original. Quand elle les porte, ses petites lunettes rondes lui donnent un air intelligent. Elle ressemble un peu à Harry Potter. Un peu pâle, on peut penser que la personne est malade, mais c'est seulement parce qu'elle est montée pour la première fois de sa vie dans une montgolfière!

1. ☐   2. ☐   3. ☐   4. ☐

99 Lettre à Madame Haigneré

Dans le texte, il y a des mots qui manquent. Choisis la réponse correcte pour chaque blanc.

Chère Madame Haigneré,

Je m' **(0)** _____ Juliette Legarrec. J'ai 17 ans et je vais bientôt passer mon bac. Un bac scientifique. Mon grand frère ne m'encourage pas vraiment. C'est triste, nous ne partageons pas les mêmes **(Q1)** _____. Il pense que dans la vie, il faut être **(Q2)** _____. Moi, je pense qu'il faut rêver. Il vaut mieux ne pas l'écouter quand il me dit: « Toi? Faire une **(Q3)** _____ scientifique? Toi? Devenir médecin ou **(Q4)** _____ ? **(Q5)** _____ chance! » J'ai lu dans un **(Q6)** _____ que vous vous battez pour que les filles choisissent des études **(Q7)** _____, ça m'a donné envie d'essayer. Si j'ai choisi ce bac, c'est grâce à vous. Vous avez fait avancer la conquête de l'espace, je suis fière de vous! Comme vous, je voudrais avoir un **(Q8)** _____ de médecin et devenir spécialiste en médecine **(Q9)** _____. J'adore quand vous racontez votre aventure dans la station **(Q10)** _____ MIR. Et puis, vos **(Q11)** _____ à la Cité des sciences et de l'industrie et **(Q12)** _____ m'intéressent car ce sont mes deux musées préférés à Paris. Moi aussi, un jour, je voudrais participer à la conquête de l'espace et pourquoi pas mettre des satellites sur **(Q13)** _____ ou voyager **(Q14)** _____ une fusée! **(Q15)** _____, je veux vous dire que pour moi, vous êtes une pionnière. J'aimerais beaucoup vous rencontrer. Pouvez-vous **(Q16)** _____ votre adresse e-mail si c'est possible? Merci d'avoir lu cette lettre jusqu'à la fin et peut-être à bientôt.

Nina

A	orbite	B	carrière	C	aucune	D	de nouveau
E	cosmonaute	F	au Palais de la Découverte	G	de sciences	H	réaliste
I	aéronautique	J	responsabilités	K	russe	L	diplôme
M	appelle	N	valeurs	O	à bord d'	P	article
Q	m'indiquer						

Ecris tes réponses ici:

Q0	Q1	Q2	Q3	Q4	Q5	Q6	Q7	Q8	Q9	Q10	Q11	Q12	Q13	Q14	Q15	Q16
M																

Tout compris?

A *Coche la ou les bonne(s) réponse(s).*

1. Un déserteur est un soldat qui [?]
   - ☐ refuse de se battre.
   - ☐ ne veut pas aller à la guerre.
   - ☐ se promène dans le désert.

2. Boris Vian est [?]
   - ☐ un célèbre cosmonaute.
   - ☐ un écrivain et un poète.
   - ☐ l'auteur de «l'Ecume des jours».

3. Les fusées Ariane emportent [?]
   - ☐ des satellites.
   - ☐ des lettres.
   - ☐ des enfants.

4. La conquête du ciel est [?]
   - ☐ un vieux rêve de l'homme.
   - ☐ un magazine spécialisé.
   - ☐ une œuvre de Saint Exupéry.

5. Les frères Montgolfier [?]
   - ☐ étaient des inventeurs de génie.
   - ☐ étaient des pionniers de l'air.
   - ☐ ont donné leur nom à un avion.

6. Le Concorde traversait [?]
   - ☐ l'Atlantique.
   - ☐ la Méditerranée.
   - ☐ l'Angleterre.

B *Traduis.*

1. Die Luftfahrt ist meine Leidenschaft.

2. Die Franzosen sind stolz auf Claudie Haigneré, weil sie die erste französische Frau im Weltraum war.

3. Eine wissenschaftliche Laufbahn hat viele Vorteile.

4. Magst du Literatur?

STRATEGIE

Do you parler Französisch?
Mehrere Sprachen zu beherrschen ist eine Chance. Bestimmt kennst du viele Fremdwörter aus anderen Sprachen. Diese kannst du manchmal gut verwenden, wenn du neue Französischvokabeln lernen möchtest. Möchtest du dir ein neues Wort einprägen, solltest du dich also fragen, ob du im Englischen, Deutschen oder in einer anderen Sprache ein ähnliches Wort kennst: *une carrière – a career – eine Karriere; consommer – to consume – konsumieren* … Aber eine Ähnlichkeit bedeutet nicht immer, dass das Wort auch die gleiche Bedeutung hat. Achte auf die *faux-amis*! Zum Beispiel: *„une caméra"* ist im Französischen kein Fotoapparat, sondern eine Filmkamera. *„Une arme"* hat mit einer Armen (armen Frau) nichts zu tun!

Lösungen

1 Est-ce que ça va mieux?
Ne fais pas **n'importe quoi**. Tu **risques de** tomber! **2.** Ici, c'est **l'enfer**! Je vais **prendre l'air**. **3.** On **attend que ça passe**? – Non, on lui **redonne la pêche** tout de suite.

2 Chagrin d'amour
1. pêche **2.** ensuite **3.** sortes **4.** tout **5.** certain **6.** encore **7.** stage **8.** originale **9.** entre **10.** juste

3 Les jolies colonies de vacances!
1. Vous êtes motivés? **2.** C'est parti! **3.** Ils sont de bonne humeur! **4.** La vie peut reprendre!

4 Aujourd'hui comme hier
1. retrouvé **2.** revu, redonné **3.** réécouté **4.** relu **5.** remis **6.** recommencer **7.** refaire **8.** revenu

5 Chanson d'amour
1. mal **2.** original **3.** l'air **4.** enfer **5.** chagrin **6.** refrain **7.** amour **8.** concours **9.** adresse. **10.** stress

Tout compris?
A 1. le paradis # l'enfer **2.** la bonne humeur # le chagrin **3.** bien # mal **4.** banal # original **5.** ne pas être en forme # avoir la pêche
B 1. Ne fais pas n'importe quoi! **2.** On attend que ça passe. **3.** Ce n'est pas difficile du tout. **4.** C'est pour rire.
C 1. c; **2.** d.; **3.** b; **4.** e; **5.** a

Tu te rappelles?
1. Le professeur est **de bonne humeur**. **2.** **Depuis qu'**il est rentré, Léo est triste. **3.** Léo **ne sait pas du tout** chanter. **4.** Mais ça **ne fait rien du tout**. **5.** Je **ne** veux voir **personne**. **6.** On attend que **ça passe**. **7.** C'**est parti**! **8.** On parle et ensuite **ça va mieux**. **9.** Je veux **juste** prendre l'air! **10.** Ça **ne sert à rien de** crier. **11.** Je **ne** veux **pas** parler **non plus**.

6 Mots fléchés
1. déménager **2.** la différence **3.** clair **4.** couper **5.** courir **6.** une couverture **7.** garder **8.** l'Afrique **9.** un fait **10.** pâle
mot mystère: une découverte

7 On raconte tout!
1. D'habitude, dehors **2.** partout, au fond des **3.** Lorsque **4.** de près **5.** Pendant que, vers **6.** à cause **7.** autour de **8.** sinon **9.** à moitié **10.** Chaque fois, parmi

8 Ils sont comment aujourd'hui?
A 1. Tu es **malade**? – Non mais j'ai très mal à l'**épaule** depuis hier! **2.** Elle est très **jalouse**. Il ne peut plus faire un **pas** sans elle. **3.** Tu es chaud et tu es très **pâle**! Tu te **sens** mal?
B 1. *Lösungsbeispiele:* Il ne **fallait pas jouer** au tennis aujourd'hui! **2.** Avec le temps, ça va s'**arranger**! **3.** Il faut prendre **des médicaments**!

9 Les définitions
1. disparaître **2.** étrange **3.** pardonner **4.** autorisation **5.** route **6.** toucher **7.** encourager **8.** maladie **9.** naissance **10.** terminer **11.** secondes
Mot mystère: départements

10 Ça s'est passé près de chez vous!
1. sont devenus, ont dessiné **2.** ont caché, a senti **3.** a rendu, a accepté

11 Les mots qu'on connaît ...
le courage – encourager – courageux(-euse) – décourager – entmutigen
une découverte – découvrir – couvert(e) – couvrir – bedecken
une habitude – s'habituer à qc – habitué, e – sich an etw. gewöhnen
une différence – différent(e) – différencier – unterscheiden
un médicament – la médecine – die Medizin
un médecin – ein Arzt
mentir – un mensonge – eine Lüge
un(e) menteur(-euse) – ein(e) LügnerIn

12 ... Et les phrases qu'on connaît.
A 1. f **2.** g **3.** d **4.** h **5.** c **6.** a **7.** i **8.** b **9.** e
B 1. alle Wege führen nach Rom **2.** Krokodilstränen weinen **3.** der Teufel steckt im Detail

13 Une vie de voleur

0	1	2	3	4	5	6	7	8	9	10	11	12	13	14	15
B	C	B	A	C	D	A	B	C	D	B	A	C	B	C	A

Tout compris?
A 1. c **2.** a **3.** e **4.** b **5.** d
B 1. on prend des médicaments. / on est pâle. **2.** des larmes. **3.** dénoncer quelqu'un. / soupçonner quelqu'un. **4.** mentir.
C 1. Il lit pendant que je dors. **2.** Chaque fois qu'il vole, il a de la chance. **3.** Dehors, il y a des chiens partout. **4.** Reste là sinon je pars.

Tu te rappelles?
1. Ils **ont déménagé** de Paris à Valence. **2.** Il a une bonne note **comme d'habitude**. **3.** Il est **jaloux** de James. **4.** Le professeur **encourageait** tous ses élèves. **5.** Il avait les **larmes** aux yeux. **6.** Tout **devenait** compliqué. **7.** Je **courais** à la catastrophe. **8.** **Il y a trois jours,** j'ai rencontré Lucie. **9.** Il y avait du monde **autour de** lui. **10.** Je lui **ai pardonné**.

Lösungen

14 Les pros qu'il leur faut!
1. une coiffeuse **2.** un médecin **3.** un mécanicien
4. une présentatrice **5.** un pilote **6.** une infirmière
7. des musiciens **8.** une ingénieure

15 Un rap pour la journée d'orientation
1. hôpital, pharmacies. **2.** agriculture, boulot
3. ingénieur, scientifiques **4.** paysages, formation

16 Ce qu'il lui faut!
1. d **2.** f **3.** e **4.** b **5.** c **6.** a

17 Mots croisés
1. passionnant **2.** humanitaire **3.** stressé **4.** fort **5.** prêt
6. inquiet **7.** incroyable **8.** vider
Mot mystère: aventure

18 Contraire ou synonyme?
1. un boulot = un travail **2.** dur = difficile **3.** se lever ≠ se reposer **4.** se fermer ≠ s'ouvrir **5.** le week-end ≠ la semaine **6.** passionnant = intéressant

19 Oui, chef!
F, D, C, B, E, A, H, G

20 Un matin comme les autres
1. me réveille **2.** me lève, m'habille **3.** nous disputons, me lave **4.** m'occupe, se dépêchent **5.** se ferme, se sent **6.** me repose, se concentrent.

21 C'est galère avec ma mère!
1. e; **2.** a; **3.** d; **4.** c; **5.** f; **6.** b

Tout compris?
A 1. inquiet **2.** te lever **3.** une pharmacie **4.** des analyses, des recherches **5.** l'industrie, une entreprise **6.** est passionnant, fascine les gens
B 1. c; **2.** b; **3.** f; **4.** a; **5.** d; **6.** e

Tu te rappelles?
1. La grande sœur de Mehdi va au **lycée**. **2.** Sana **se réveille** à 5 heures. **3.** **Le réveil** sonne. **4.** Sana **se lève** très tôt le matin. **5.** Vite! **Dépêche-toi**! **6.** Qui **s'occupe** du repas? **7.** Ne vous **disputez** pas! **8.** Karima **est en train de faire** ses devoirs. **9.** Sana est **inquiète**. **10.** J'ai **pris une décision**. **11.** Je vais **chez le coiffeur**. **12.** A **la pharmacie**, on achète des médicaments. **13.** Karima **est forte en** langues. **14.** Mon métier **me permet de faire** cela.

22 Et le niveau…?
1. Papa, tu me rends **dingue**! **2.** C'est vraiment **gênant**. **3.** Il **est amoureux de** cette fille. **4.** J'ai **la dalle**. **5.** Tu ne **comprends** rien. **6.** C'est une question **débile**! **7.** J'en ai **assez**!

23 Le soleil, l'amour et la faim
1. rends dingue **2.** la honte **3.** le coup de foudre **4.** un coup de soleil **5.** la dalle **6.** faire la queue

24 Mots croisés
1. car **2.** séjour **3.** sortie **4.** Loire **5.** château **6.** statue
mot mystère: corres

25 La météo
1. degrés – ciel **2.** nuages **3.** roulez – pluie **4.** neige
5. soleil

26 Un e-mail

0	Q1	Q2	Q3	Q4	Q5	Q6	Q7
H	E	K	G	J	C	L	M
Q8	Q9	Q10	Q11	Q12	Q13	Q14	Q15
P	O	F	B	I	D	N	A

27 Contraire ou synonyme?
1. difficile ≠ facile **2.** bon ≠ mauvais **3.** délicieux = bon
4. poli = gentil **5.** célèbre = connu **6.** en retard ≠ à temps
7. long ≠ court **8.** nul = débile **9.** intéressant = passionnant

28 Il était une fois…
1. un château **2.** un toit **3.** un roi **4.** une statue **5.** un fleuve **6.** un poisson **7.** une vache **8.** une église

29 Petit copain, petite copine
1. amoureux **2.** gênée **3.** grosses **4.** débile **5.** gênante
6. célèbre **7.** ennuyeux **8.** intéressants

Tout compris?
A 1. la neige **2.** des nuages **3.** un degré **4.** la pluie
B 1. J'ai **la dalle**. **2.** C'est **la honte**! **3.** C'est **le coup de foudre**. **4.** Elle a **un coup de soleil**.
C 1. un château **2.** un monument **3.** célèbre **4.** éviter des fautes
D 1. long **2.** en retard **3.** mauvais **4.** facile **5.** ennuyeuse **6.** nul

Tu te rappelles?
1. Bon **séjour** à Tours! **2.** **une promenade** en vélo
3. Arrête, ça me **rend dingue**! **4.** Ce soir, on mangera du **poisson**. **5.** Je trouve que tu **te débrouilles** très bien. **6.** La journée sera **sûrement** intéressante. **7.** Il la trouve **mignonne**. **8.** Le **ciel** est bleu. **9.** Le soleil **brille**. **10.** J'ai eu **un coup de soleil**. **11.** C'est **le coup de foudre**. **12.** Ils sont **vaches**! **13.** Ils arrivent juste **à temps**. **14.** C'est tout **le contraire**!

30 Un petit quizz sur la francophonie
1. Le français est la langue officielle en **France**, en **Belgique** et en **Suisse**. **2.** Le français est la langue officielle en **Algérie**, en **Tunisie** et au **Maroc**. **3.** La Martinique fait partie des **Antilles** françaises.

31 Les pays, leurs habitants et leurs langues
1. La France – les Français – le français **2.** La Grande-Bretagne / l'Angleterre - les Anglais/les Britanniques **3.** Le Canada – les Canadiens – l'anglais, le français **4.** le Québec – les Québécois – le français **5.** Le Maroc – les Marocains, l'arabe, le français **6.** Les Antilles – les Antillais – le français, le créole

32 Où suis-je?
1. métropole **2.** île **3.** continent **4.** tunnel **5.** lac **6.** baleine **7.** forêt
Mot mystère: l'Europe

33 La géographie du Québec

Q1	Q2	Q3	Q4	Q5	Q6	Q7	Q8	Q9	Q10	Q11
C	A	D	C	A	C	B	A	B	A	D

34 Arts et métiers
1. c **2.** e **3.** a **4.** b **5.** d **6.** f

35 La bibliothèque de Tamegroute
Korrekte Lösungen: Au cours – alors que – Au premier plan – Au Moyen Age – y – grâce

36 Je raconte ma vie en francophonie.
1. vit, un siècle, colorés, régulièrement. **2.** le créole, Administrativement, font partie, indépendante **3.** la francophonie, gagne, riche, entièrement

37 Les mots pour le dire
1. rapporter **2.** gagner **3.** sortir **4.** vivre **5.** mourir **6.** compter

38 Le mot mystère
1. habitant **2.** maternelle **3.** bibliothèque **4.** baccalauréat **5.** Européen **6.** savant **7.** présent
Mot mystère: baleine

39 Les mots pour décrire un pays
la nature: une montagne, une rivière, le coton
l'économie: un producteur, le progrès, un manque, la richesse
la géographie: un continent, le nord, une île
l'histoire: une colonie, un siècle

Tout compris?
A **1.** Je meurs de soif. **2.** L'allemand est ma langue maternelle. **3.** La Martinique fait partie des Antilles. **4.** L'Europe est le continent le plus riche.
B **1.** le français, le créole **2.** de colonies **3.** de continents, de pays, de territoires **4.** des artistes
C **1.** dynamique **2.** colorés **3.** indépendants **4.** impressionnante
D **1.** La Martinique fait partie de l'**E**tat **f**rançais. **2.** Les habitants de la Martinique sont donc des **F**rançais. **3.** Les **C**anadiens qui habitent dans la province Québec s'appellent les **Q**uébécois. **4.** Au Québec, le **f**rançais est une des langues officielles avec l'**a**nglais.

Tu te rappelles?
1. La Martinique est une **île**. **2.** Une partie des Antilles est **francophone**. **3.** jouer **un rôle** important. **4.** **au cours de** l'histoire. **5.** un pays **européen**. **6.** Elle **a sorti** un album. **7.** Le français est **la langue officielle** du Québec. **8.** Montréal est une ville **dynamique**. **9.** Le Québec est **impressionnant**. **10.** On y vit **moins bien** qu'en France. **11.** Elle veut **gagner sa vie**. **12.** On fait **des progrès**. **13.** **Au premier plan**, on voit des filles. **14.** **A l'arrière-plan**, il y a une montagne.

40 Un concours photo
1. revue **2.** lectrices **3.** talents **4.** jury **5.** gagnants **6.** appareil **7.** numérique **8.** choix

41 Les vacances à la mer
1. baie **2.** marée basse **3.** port **4.** coquillage **5.** rocher **6.** terre.

42 Attention aux différences!
1. un volcan **2.** le paradis **3.** un cratère **4.** une légende **5.** une commune **6.** un culte

43 Tu trouves le trésor?
1. panneau, village **2.** abbaye **3.** rocher **4.** grotte **5.** terre **6.** galette.

44 Bienvenue en Auvergne
Q1 B Q2 H Q3 F Q4 D Q5 E Q6 I Q7 C Q8 A Q9 G

45 Marseille, capitale européenne de la culture
existe – port – Méditerranée – visiteurs – se promener – baie

46 De quoi est-ce que tu parles?
1. mystérieuse **2.** typique **3.** imprudent **4.** touristique **5.** multiculturelle

Tout compris?
A **1.** A marée basse, j'ai ramassé des coquillages. **2.** Les gagnants reçoivent un appareil photo numérique.

Lösungen

B 1. un conte 2. un lecteur 3. une grotte 4. un cratère
C 1. un paradis 2. se promener 3. touristique 4. imprudent

Tu te rappelles?
1. C'est difficile de <u>faire un choix</u>. 2. Ces volcans <u>se sont formés</u> il y a 20 M. d'années. 3. <u>Qui est-ce qui</u> achète ça? 4. Je <u>me promène</u> le soir. 5. Les touristes achètent <u>plein de trucs</u> kitsch. 6. Il faut lire <u>les panneaux</u>. 7. Sur la plage, on <u>ramasse</u> des coquillages. 8. Qu'est-ce qu'il faut voir <u>absolument</u>? 9. C'est une avenue <u>longue d'</u>un kilomètre! 10. Marseille est au bord de la <u>Méditerranée</u>.

47 Les problèmes de notre chaîne?
1. spectateurs 2. émissions 3. public 4. humoristes 5. actualité 6. accidents 7. société 8. inattendues 9. culturels, écrivains 10. milieux, nous adressons 11. mobiliser

48 Les définitions
1. inattendu 2. égal 3. bénévole 4. inoubliable 5. thème 6. quotidien 7. immigré 8. humour 9. défavorisé
mot mystère: cinquantaine

49 Les gros titres[1] ont disparu!

Q1	Q2	Q3	Q4	Q5	Q6	Q7	Q8
G	M	A	N	I	K	F	P
Q9	Q10	Q11	Q12	Q13	Q14	Q15	Q16
B	D	E	C	L	H	O	J

Tout compris?
A 1. c; 2. e; 3. d; 4. b; 5. a; 6. h; 7. j; 8. g; 9. i; 10. f
B 1. inoubliable 2. association 3. discrimination 4. des quotidiens / des magazines / des émissions
C 1. Tous les hommes naissent libres et égaux en droits. 2. Un pays libre a besoin d'une presse libre.

50 Le monde du spectacle
1. journaliste 2. troupe 3. spectatrice 4. dessin animé 5. fan 6. photographe 7. public
Le mot mystère: Bretagne

51 Bienvenue au Festival de Cannes!
Cette année encore, le festival **international** du cinéma **a lieu** à Cannes. C'est au **Palais des festivals** que les **personnalités** du monde entier (acteurs, réalisateurs …) **se sont donné rendez-vous**. Toutes les télévisions sont là car c'est l'un des plus grands évènements **médiatiques** de ce **genre**. Plus de cent films français et **étrangers** sont **en compétition** dans différentes catégories. Le dernier jour du festival, un **jury** de professionnels donne **la Palme d'Or** au film qui leur a le plus plu. Quel succès! Cette année encore, on n'avait jamais vu **autant** de monde!

52 Tu te souviens?

a) un endroit	=	un lieu
b) célèbre	≠	inconnue
c) un animal	=	une bête
d) en bas	≠	en haut
e) 1000 kg	=	une tonne
f) très très petit	≠	géant
g) faire une promenade	=	se promener
h) environ 100	=	une centaine
i) nouveau	≠	ancien
j) environ 10	=	une dizaine
k) la longueur	≠	la hauteur
l) très très gros	=	énorme

53 Qu'est-ce que c'est?
1. une marche 2. une caméra 3. un bijou 4. un accident 5. une publicité 6. un palmier 7. une machine 8. une marionnette 9. un éléphant 10. la hauteur 11. la largeur

54 Le blog de Margaux

Q1	Q2	Q3	Q4	Q5	Q6	Q7	Q8
M	C	I	J	D	E	F	G
Q9	Q10	Q11	Q12	Q13	Q14	Q15	Q16
H	A	B/K	B/K	L/N	N/L	O	P

Tout compris?
A 1. la Seine 2. nu 3. un chantier naval 4. une bête 5. un éléphant 6. la Bretagne
B 1. me promener 2. s'est renseigné 3. Mon exposé parle / Il s'agit
C 1. Magalie a besoin de renseignements sur le Festival de Cannes pour son exposé. 2. Chaque année, les acteurs, les journalistes et les professionnels du cinéma se donnent rendez-vous à Cannes. 3. Le premier Festival de Cannes a eu lieu en 1946. 4. Un voleur a volé les bijoux très chers de l'actrice. 5. C'est un festival international qui s'adresse aux jeunes.

Tu te rappelles?
1. Acteurs et <u>journalistes</u> se donnent rendez-vous sur la Croisette. 2. C'est un jury de <u>professionnels du cinéma</u> qui choisit le meilleur film. 3. A Cannes, on présente des films français et <u>étrangers</u>. 4. L'actrice portait <u>des bijoux</u> très chers. 5. <u>Dans le public</u>, il y avait des journalistes. 6. La <u>prestation</u> du groupe *Phoenix* était géniale. 7. Je vais <u>me renseigner</u> auprès de l'office de tourisme.

55 Partir loin… oui mais comment?
1. Partir à l'étranger, c'est une super **expérience**. 2. Mais avant de partir, il faut se préparer. 3. Il y a plusieurs **possibilités**: vous pouvez chercher un **emploi** ou alors faire des études dans une **faculté**. 4. Si vous cherchez

un stage, vous trouverez des **offres** sur Internet. **5.** Prenez votre temps pour écrire votre lettre de **motivation**. **6.** Présentez vos **qualités**. **7.** Un **conseil**: **8.** si vous recevez un **refus**, gardez la pêche! **9.** Il y a d'autres moyens de partir! Si vous allez à l'université, attention à la date de la rentrée; **10.** il ne faut pas **s'inscrire** trop tard! **9.** Pensez aussi à trouver un appartement: **11.** la **colocation** a beaucoup d'**avantages**: **12.** ce n'est pas cher et on fait des rencontres.

56 Les définitions
1. accompagner **2.** capable **3.** souhaiter **4.** occidental **5.** colocataire **6.** situé **7.** économie **8.** lecteur **9.** franc **10.** signature

57 Des phrases courtes, s'il vous plaît!
1. mes centres d'intérêt **2.** adolescents **3.** extraits **4.** signé **5.** nous trompons

58 Des statistiques
1. un tiers **2.** plus de la moitié **3.** un sixième **4.** un quart **5.** les trois quarts

59 Qui sera l'employé du mois?
2. A **3.** H, E **4.** B **5.** I **6.** D **7.** F **8.** G **9.** C, J

60 Des bons conseils
1. G, **2.** D, **3.** E, **4.** F, **5.** A, **6.** C, **7.** B

61 Une nouvelle vie pour Emilie.

0	Q1	Q2	Q3	Q4	Q5	Q6	Q7	Q8
B	A	C	A	D	C	B	C	B

Q9	Q10	Q11	Q12	Q13	Q14	Q15
B	A	D	D	A	B	D

Tout compris?
A 1. de l'expérience. **2.** de candidature./de motivation. **3.** embaucher **4.** de la motivation **5.** de chômage **6.** de refus.

B embaucher un employé, poser une candidature, s'inscrire à l'université, signer une lettre, tenir une semaine

C 1. Je cherche des offres d'emploi. **2.** Il a envoyé trois lettres de candidature. **3.** J'ai demain mon entretien d'embauche. **4.** L'entreprise a embauché un handicapé.

Tu te rappelles?
1. Mon frère va **à la fac**. **2.** **En ce moment**, je fais des stages. **3.** Je n'ai jamais écrit de **lettre de motivation**. **4.** Paul a perdu son travail. Maintenant, il est **au chômage**. **5.** Quels sont vos **centres d'intérêt**? **6.** En classe, nous avons lu **un extrait** d'un roman.

62 Des synonymes...

vaincre	=	gagner
se battre	=	lutter
un domaine	=	une catégorie
la nécessité	=	le besoin
la puissance	=	la force

63 et des contraires

un adulte	≠	un enfant
un ami	≠	un ennemi
la paix	≠	la guerre
positif	≠	négatif
la naissance	≠	la mort

64 On écrit l'Histoire.
1. La Seconde Guerre mondiale **2.** La chute du mur **3.** La réunification **4.** Le traité de l'Elysée

65 Comment dire...
1. Après une guerre, il faut du temps pour qu'un ancien **ennemi** devienne un ami. **2.** Les Français et les Allemands ont travaillé ensemble et la chaîne Arte est née grâce à cette **coopération**. **3.** Adenauer et de Gaulle ont fait un geste pour la **réconciliation** des deux pays. **4.** Ce geste a été la première **étape** pour la naissance de l'Europe. **5.** La guerre est finie et depuis longtemps, maintenant c'est la **paix** en Europe. **6.** A côté des champs de bataille en France, il y a de nombreux **cimetières** où on a mis les soldats morts. **7.** Pendant la guerre, les soldats allemands sont venus en France. L'**occupation** a été une période difficile.

66 Guerre et paix
1. F, B, G **2.** D **3.** K **4.** M **5.** E **6.** H **7.** L **8.** I, C **9.** A, J

67 On oublie les clichés, s'il vous plaît
1. c **2.** a **3.** b **4.** d **5.** e

68 Des images choc!
1. émission **2.** série **3.** embrasser **4.** blessé **5.** personnel **6.** régler **7.** chancelière **8.** frontière
Mot mystère: résister

69 Les Allemands, ils sont comment?
Q1 enfance **Q2** image **Q3** marqués **Q4** jugement **Q5** sondages **Q6** moteur **Q7** la volonté

Tout compris?
A 1. sentiments **2.** exil **3.** les frontières **4.** ta naissance **5.** coopération **6.** la chute du mur

B 1. Le chancelier et le président ont fait un geste. **2.** Il n'y a pas de coopération sans réconciliation. **3.** Il est interdit de se battre! **4.** Ecoute tes sentiments!

Tu te rappelles?
1. Quelle est **ta série (télévisée)** préférée? 2. **les grandes étapes** de l'histoire 3. l'histoire **commune**. 4. Pendant **une guerre**, beaucoup de gens meurent. 5. En 1914, l'Allemagne **a déclaré** la guerre à la France. 6. Aujourd'hui, **les relations** sont bonnes. 7. A Verdun, il y a des très grands **cimetières**. 8. **la réconciliation** des deux pays. 9. J'ai regardé **une émission** sur ARTE. 10. traverser **la frontière**

70 En famille
le beau-père / **la belle-mère**
un beau-frère / une belle-sœur
l'arrière-grand-père / **l'arrière-grand-mère**
le grand-oncle / la grand-tante

71 Les affaires de famille
1. f 2. h 3. a 4. e 5. c 6. i 7. g 8. j 9. k 10. b 11. l 12. d

72 Familles de mots

Nom	Adjectif
une tradition	traditionnel, le
l'ironie	ironique
la famille	familial,e
la solitude	seul,e
la liberté	libre
la réalité	réel,le
le Sénégal	sénégalais,e
Verbe	**Nom**
réaliser qc	la réalité
réagir	une réaction
suivre	la suite
se marier	le mariage
être obligé,e de	une obligation
choisir	un choix
parler	la parole

73 Synonyme ou contraire?

une élève	=	une lycéenne
un roman	=	un livre
réel	=	vrai
traditionnel	≠	moderne
un mineur	≠	un adulte
bosser	=	travailler
un vieillard	≠	un ado
être forcé	=	être obligé

74 Toujours des obligations!
1. remplir 2. engager 3. attirer 4. élaborer 5. prononcer 6. serrer 7. respecter 8. poursuivre

75 Faire ses études n'est pas facile.

Q1	Q2	Q3	Q4	Q5	Q6	Q7	Q8
E	F	B	D	A	G	H	C

76 Mehdi, sa famille et Anne-Sophie
1. Mehdi rentrera au Sénégal et il va **amener** son épouse Anne-Sophie chez ses parents. 2. Il n'est pas sûr si ses parents vont **reconnaître** cette union avec une Française. 3. Quand il a rencontré Anne-Sophie il y a trois ans, il était tout de suite sûr d'**éprouver** quelque chose pour cette fille. 4. Mais au début, il n'a pas osé **tomber amoureux** d'elle à cause des problèmes qu'il aurait avec ses parents. 5. Aujourdhui, Mehdi est sûr qu'il va **partager** toute sa vie avec Anne-Sophie, mais il est inquiet. 6. Son père a toujours essayé d'**obliger** son fils à se marier avec une femme sénégalaise. 7. Le mariage avec Anne-Sophie pourrait **mettre en jeu** la bonne relation avec sa famille. 8. Avant de partir au pays, Mehdi a dû **promettre** quelque chose à Anne-Sophie. 9. Il va **protéger** Anne-Sophie contre les attaques possibles de la part de sa famille. 10. Mehdi va tout faire pour **défendre** son amour pour Anne-Sophie. 11. Mais il sait aussi qu'il risque de **finir** par perdre le contact avec ses parents.

77 Dis-moi ce que tu vois.
1. une dent 2. un vieillard 3. un genou 4. un roman 5. une loi 6. un cœur 7. un sens 8. un cadre

78 En anglais et en français.

anglais	français
the honor	l'honneur
a nationality	une nationalité
to exist	exister
an orphan	un,e orphelin,e
to judge	juger
a detail	un détail
a law	une loi
a piece	une pièce
honest	honnête
to react	réagir
to realize	réaliser
a proverb	un proverbe
an origin	une origine
to fall in love	tomber amoureux(-se)

79 Mots croisés
1. réel 2. plier 3. façon 4. prévu 5. engager 6. tentant 7. sembler 8. propre
le mot mystère: épargner

80 C'est mon choix de le faire.
1. d 2. a 3. b 4. c 5. e 6. g 7. f 8. h

81 Des adjectifs
1. ironique 2. tentant 3. préoccupante 4. libre 5. propre 6. honnête

Tout compris?
A 1. mineur,e 2. reconnaître 3. être obligé,e 4. un besoin

B 1. Il défend son union / son mariage. 2. Le genou lui fait mal. 3. Est-ce que tu amènes ta nièce? 4. Donnez-moi votre parole!

C 1. traditionnel,le 2. suivre 3. une obligation 4. familial,e 5. grandir 6. réel,le / réaliste

D 1. aîné 2. un mineur 3. paraître 4. résider 5. bosser 6. un instant

Tu te rappelles?
1. L'auteur raconte ses **souvenirs d'enfance**. 2. Le **personnel** d'une entreprise, ce sont ses **employés**. 3. Il essaye de **convaincre** chacun de nous. 4. C'est une **nécessité** parce que c'est la **volonté** de tes parents. 5. **Après avoir** visité l'Allemagne, je comprends mieux ce pays. 6. Il y a eu des **périodes difficiles**. 7. Qu'est-ce qui te vient à l'**esprit**? 8. La **puissance** de l'économie européenne est grande.

82 Au camping
1. le mot de passe 2. un sentier 3. les sanitaires 4. une salle commune 5. un mobile home

83 Les règles du camping!
1. déranger 2. allumer 3. déposer 4. jeter

84 Les définitions
1. smartphone 2. désordre 3. se coucher 4. gaz 5. prêter 6. sembler 7. personnage 8. tablette 9. wifi 10. empereur
le mot mystère: Quelle **gentillesse**!

85 Des campeurs contents en Corse
1. La Corse est une région très **touristique**, c'est **exact**, mais on peut y trouver aussi des petites plages **vides**!
2. Au camping, il y a une vie **sociale**. Si quelqu'un exprime son **mécontentement**, on trouve un **compromis**.
3. Au camping, il faut être **vigilant** avec le feu. Il faut être **responsable** et respecter les règles de sécurité.
4. Le matin, devant les sanitaires, les lavabos ne sont pas toujours **disponibles**, alors il ne faut pas être **impatient**!
5. Les mobile homes sont **confortables**, la **décoration** est bien et le **matériel** est moderne.
6. L'eau de la mer est très **propre**, c'est super pour la **plongée**! C'est un vrai paradis!

86 C'est le bazar au camping!
une application – une tablette – une tente – au wifi – une lampe

1. monter une tente 2. recharger une tablette 3. se connecter au wifi 4. télécharger une application 5. allumer une lampe

87 C'est la fête!
1. d 2. b 3. e 4. a 5. c 6. f

88 Dans mon sac à dos…
1. une sardine ; 2. une pile électrique ; 3. une carte d'identité ; 4. un opinel ; 5. un permis de conduire ; 6. un porte-monnaie ; 7. un marteau ; 8. un smartphone ; 9. un sac de couchage ; 10. un tapis de de sol

89 Cet exercice, ça me dit bien!
1. Cela va durer encore longtemps. 2. Il y a un problème. 3. Etre très amoureux de qn. 4. Connaître beaucoup de personnes.

Tout compris?
A 1. télécharger des applications. / trouver un réseau wifi. 2. des sardines / un marteau 3. une lampe 4. confortable

B 1. F; 2. A; 3. B; 4. C; 5. D; 6. E

C un empereur, un personnage

Tu te rappelles?
1. C'est le premier pas vers la **réconciliation** des deux pays. 2. Les rutabagas sont des légumes blancs et **ronds**. 3. C'est la **volonté** de tes parents. 4. Le **moteur** ne marche plus .5. La **choucroute** est un plat typiquement allemand. 6. Il y avait des **périodes** difficiles.

90 Des dessins et des mots
1. bulle; 2. visage; 3. lunettes; 4. orchestre; 5. oiseau; 6. corps; 7. satellite; 8. trompette; 9. fusée; 10. barque; 11. cœur
Le mot mystère est: littérature

91 C'est tout le contraire

bête	≠	intelligent
devant	=	face à
triste	≠	gai
rapide	≠	lent
fort	≠	doux
encore une fois	=	de nouveau
pâle	≠	vif
original	≠	banal
être fier de	=	être content de
acheter	≠	vendre
venir plus près	=	approcher
disparaître	≠	apparaître
un couteau	=	une arme
idiot	=	bête

92 Dans la maison de Victor Hugo

1. Quand on visite la maison de Victor Hugo, place des Vosges à Paris, on apprend beaucoup de choses sur la vie de cet **écrivain** de **génie**. **2.** Ça commence dans l'escalier où il y a plein de **portraits** de lui, jeune ou plus vieux. **3.** Souvent sérieux, avec sa grosse barbe, il ressemblait à la fin de sa vie à un bon grand-père qui aimait faire rire et **s'amuser**. **4.** Dans les pièces de la maison, ensuite, on trouve ses **œuvres** les plus connues: «Notre-Dame de Paris» et «Les Misérables». **5.** Mais en plus de ces romans, il faut savoir que Victor Hugo était aussi un grand **poète**: il a **publié** de nombreux poèmes. **6.** Hugo était venu **s'installer** dans cette maison en 1832. On apprend qu'il écrivait debout et qu'il dormait assis! **7.** En 1845, un terrible évènement change sa vie: sa fille chérie Léopoldine, la première de ses quatre enfants, trouve la mort dans un accident. Hugo devient alors très **mélancolique**. **8.** Mais la littérature reste sa **passion** et son **engagement** dans la politique l'aide. **9.** Il proteste contre la politique de Napoléon III et ses **ministres**. **10.** Il doit alors quitter sa maison à Paris et partir en exil sur l'île de Guernesey où sa vie est **monotone**. **11.** Là-bas, il commence à **s'ennuyer**. C'est presque 20 ans plus tard qu'il rentre en France. **12.** Avec l'âge, sa **santé** est mauvaise: il meurt en 1885.

93 Qu'est-ce que c'est en français?

en allemand	en français
eine Agentur	une agence
ein Orchester	un orchestre
sicher sein	être sûr,e de
ein Charakter	un caractère
konsumieren	consommer
die Literatur	la littérature
eine Trompete	une trompette

94 En un verbe...?

un constructeur	construire
un vol	voler
le destin	destiner
un inventeur	inventer
un écrivain	écrire
un(e) correspondant(e)	correspondre
un vendeur	vendre
la censure	censurer

95 En un adjectif...?

la réalité	réaliste
une caricature	caricatural,e
la Russie	russe
la passion	passionnant,e
l'ennui	ennuyeux,-euse
l'actualité	actuel,le
l'intelligence	intelligent,e

96 A l'époque de Boris

La **crise** financière de 1929 **ruine** toute la famille Vian qui doit déménager. Mais Boris s'ennuie dans sa nouvelle maison, il **rejoint** souvent son ami Yehudi dans sa chambre d'avant. L'adolescent découvre le **jazz** à 16 ans. Sa **trompette** trouble souvent le silence des voisins qui se **plaignent**. En 1939, le jeune homme a 19 ans, il craint de devoir faire la **guerre**. Il écrit une chanson contre. Sa chanson «Le **Déserteur**» s'adresse à tous ceux qui refusent de se battre et de **tuer** des gens. Parce que le texte est **censuré**, la chanson ne passe pas sur les radios. Certains de ses textes font **rire** le public, mais pas toujours. Certaines personnes sont en colère. Plusieurs fois, l'écrivain-chanteur a envie d'**annuler** ses concerts. Pour se calmer, il **consomme** beaucoup de **pilules**.

97 A chaque mot sa définition

1. transport **2.** Boris Vian **3.** traversée **4.** Vietnam **5.** emporter **6.** vaut mieux

1 C; **2** E; **3** F; **4** D; **5** A; **6** B

98 Portrait: Qui est-ce?

3

99 Lettre à Madame Haigneré

Q1	Q2	Q3	Q4	Q5	Q6	Q7	Q8
N	H	B	E	C	P	G	L
Q9	Q10	Q11	Q12	Q13	Q14	Q15	Q16
I	K	J	F	A	O	D	Q

Tout compris?

A 1. refuse de se battre. / ne veut pas aller à la guerre. **2.** un écrivain et un poète. / l'auteur de «l'Ecume des jours». **3.** des satellites. **4.** un vieux rêve de l'homme. **5.** étaient des inventeurs de génie. / étaient des pionniers de l'air. **6.** l'Atlantique.

B 1. L'aéronautique est ma passion. **2.** Les Français sont fiers de Claudie Haigneré parce qu'elle était la première femme française dans l'espace. **3.** Une carrière scientifique a beaucoup d'avantages. **4.** (Est-ce que) tu aimes la littérature?